目 录
CONTENTS

◆ 工 作 研 究 ◆

◆ 机 制 构 建 ◆

◆ 实 务 研 究 ◆

检察

JIANCHA DIAOYAN YU ZHIDAO

调研与指导

2017年第4辑

（总第17辑）

主办 / 最高人民检察院法律政策研究室
检察日报社

主编 / 万 春 李雪慧

中国出版集团
研究出版社

主　　任 | 万　春　李雪慧
副 主 任 | 徐建波　王建平　綫　杰
委　　员 | （以姓氏笔画为序）

丁校波　于新民　王　莉　王　磊　王国忠　王秋丽
王保权　王媛媛　龙子丹　卢宇蓉　乐绍光　冯耀辉
吕天奇　朱春莉　刘　宇　刘　明　刘　建　刘曙光
闫俊瑛　孙　宇　严正华　苏金基　李　政　李　萍
杨英华　杨洪广　杨新义　吴孟栓　张宏思　陈友聪
罗　军　金　石　庞立强　赵国华　侯民义　贾乃吉
徐　娴　曾国东

主　　编 | 万　春　李雪慧
执 行 主 编 | 綫　杰
编辑部主任 | 张志玲
编辑部副主任 | 杨安瑞
编 辑 主 管 | 张佳立
编　　辑 | 冯焕玲　俞　楠　翟兰云
美 术 编 辑 | 郭山泽
发　　行 | 郑　举
编 辑 热 线 | 010-88953983　86423511　53390189
订 阅 热 线 | 010-86423512　53390190　86423510
投 稿 邮 箱 | jcdyyzd@163.com

·检 察 文 苑·

《关于办理刑事案件严格排除非法证据 若干问题的规定》理解与适用

万 春 吴孟栓 高翼飞 [*]

2017 年 6 月 27 日，最高人民法院、最高人民检察院、公安部、国家安全部、司法部联合发布了《关于办理刑事案件严格排除非法证据若干问题的规定》（以下简称《规定》）。《规定》的出台是"两高三部"贯彻落实党的十八届三中、四中全会精神，推进以审判为中心的刑事诉讼制度改革的重要举措，对于准确惩罚犯罪，切实保障人权，规范司法行为，促进司法公正特别是程序公正，有效遏制刑讯逼供、非法取证，从源头上防范冤假错案具有十分重要的意义。为了便于司法实践中正确理解和适用《规定》，现对其制定原则和主要内容作如下说明。

一、制定原则

（一）坚持以问题为导向

2010 年"两高三部"《关于办理刑事案件排除非法证据若干问题的规定》实施以来，在规范侦查取证活动，引导侦查人员重视证据收集合法性方面取得了一定的成效。但实践中还存在一些问题。例如，对非法取证的认定标准存在分歧；对刑讯逼供取得的重复性供述是否

应当排除有待明确；律师在申请排除非法证据中作用没有充分发挥；公诉机关对证据收集合法性的证明方式相对单一，证明力不强；法庭审理时对证据收集合法性的审查、调查程序有待规范；法庭审理后对证据合法性争议的裁判方式等有待明确。另外，从近年来纠正的重大冤假错案反映的情况来看，防范刑讯逼供的相关制度、规定没有得到严格执行，如讯问录音录像、讯问笔录的制作，讯问场所、提讯登记、收押体检等需要作出规范。针对上述情况，《规定》以问题为导向，抓主要矛盾，着力解决司法实践中的突出问题，认真总结了以往排除非法证据制度、程序和工作机制方面存在的不足，充分吸收冤假错案的经验教训，对实践中刑讯逼供等非法取证情形易发的环节，有针对性地明确了侦查取证的程序规范，明确了非法证据的范围和认定标准，完善了各诉讼阶段排除非法证据的具体程序，为进一步严格实行非法证据排除规则提供更加明确的依据。

（二）坚持惩罚犯罪与保障人权并重

刑事诉讼法第二条把"保证准确、及时地

---

* 作者单位：最高人民检察院法律政策研究室。

查明犯罪事实，正确应用法律，惩罚犯罪分子，保障无罪的人不受刑事追究"作为我国刑事诉讼的基本任务。惩罚犯罪与保障人权是对立统一的关系，二者不可偏废。因此，《规定》在充分保障犯罪嫌疑人、被告人合法权利的前提下，兼顾追诉犯罪的客观需要，在排除非法证据的问题上，不搞绝对化、"一刀切"，在制度设计上注重惩罚犯罪与保障人权的平衡。例如，《规定》要求，对受刑讯逼供影响而作出的重复性供述应当一并排除，同时明确了侦查阶段讯问主体变更和诉讼阶段变更的两种例外情形；对非法实物证据实行裁量排除；对侦查机关未按照规定进行讯问录音录像或者未在规定办案场所讯问犯罪嫌疑人等违反办案程序所取得的供述没有规定绝对排除，只有确定或者不能排除存在以刑讯逼供等非法方法收集证据情形的，对相关证据才应当予以排除。

（三）坚持积极稳妥、循序渐进

非法证据排除制度改革，涉及刑事诉讼各个阶段和侦查、起诉、审判等各项诉讼职能，有些改革举措还触及深层次的司法体制机制问题。因此，非法证据排除制度改革是各政法单位之间不断沟通、协调而达成共识的过程，很难一步到位解决所有争议问题。因此，《规定》力争对实践中必须加以解决的重大问题达成共识，对相对次要的问题以及未达成共识的问题暂时搁置不作规定，待改革深入推进后再根据司法实践中的运行情况不断研究完善。《规定》在内容和制度设计上与现行法律、司法解释等相关规定基本保持一致，在继承发扬既有规定合理因素的基础上，立足我国国情和司法实际，进一步发展和完善我国的非法证据排除制度，

既有所进步又不过分超前。

二、主要内容

《规定》分为"一般规定""侦查""审查逮捕、审查起诉""辩护""审判"五个部分，共42条。主要内容有：

（一）完善非法取证方法的认定规则

刑事诉讼法第五十四条规定"采用刑讯逼供等非法方法"收集犯罪嫌疑人、被告人供述应当予以排除，较为原则，在适用上难以准确把握。为了加强非法证据排除规则规定的适用性，"两高"对"刑讯逼供等非法方法"作了进一步的解释。《最高人民法院关于适用〈中华人民共和国刑事诉讼法〉的解释》（以下简称《高法解释》）第九十五条第一款规定："使用肉刑或者变相肉刑，或者采用其他使被告人在肉体上或者精神上遭受剧烈疼痛或者痛苦的方法，迫使被告人违背意愿供述的，应当认定为刑事诉讼法第五十四条规定的'刑讯逼供等非法方法'。"《人民检察院刑事诉讼规则（试行）》（以下简称《高检规则》）第六十五条第二款、第三款规定："刑讯逼供是指使用肉刑或者变相使用肉刑，使犯罪嫌疑人在肉体或者精神上遭受剧烈疼痛或者痛苦以逼取供述的行为。其他非法方法是指违法程度和对犯罪嫌疑人的强迫程度与刑讯逼供或者暴力、威胁相当而迫使其违背意愿供述的方法。"实践中，刑讯逼供的手段不断翻新，然而采用赤裸裸的殴打、捆绑等暴力刑讯手段的已经不多见，更多是采用"变相肉刑"的方法。

在《规定》制定过程中，有意见提出，应当对刑讯逼供作出列举式规定，将实践中常见

的、社会反映强烈的冻、饿、晒、烤以及疲劳讯问等体罚虐待方法涵盖在内。还有意见认为，应当将催眠、施用药物也规定为非法取证的方法。经研究认为，较长时间冻、饿、晒、烤是变相肉刑的常见形式，但变相肉刑并不限于这四种形式，还包括其他体罚虐待手段。例如，要求犯罪嫌疑人长时间站立、不睡觉，对患病的犯罪嫌疑人不提供治疗等；再如，利用犯罪嫌疑人毒瘾发作，在其肉体和精神强烈痛苦的情况下进行讯问，都属于变相的刑讯逼供。因此，采取列举方式对变相肉刑作出界定，难免会挂一漏万。关于疲劳讯问的问题，目前，我国刑事诉讼法并没有明确规定讯问的最长时间，只是在第一百一十七条第二款、第三款规定："传唤、拘传持续的时间不得超过十二小时；案情特别重大、复杂，需要采取拘留、逮捕措施的，传唤、拘传持续的时间不得超过二十四小时。""不得以连续传唤、拘传的形式变相拘禁犯罪嫌疑人。传唤、拘传犯罪嫌疑人，应当保证犯罪嫌疑人的饮食和必要的休息时间。"这样规定的本意是为了限制侦查人员随意延长传唤、拘传的时间，因为传唤和拘传都牵涉到对犯罪嫌疑人人身自由的限制，因此在时间上应当作出必要的限制。从便于实践操作的角度来看，应当确定一个最长的讯问时间作为客观标准，超过规定讯问时间就可以认定为疲劳讯问。并且，在讯问过程中应当保证被讯问人有必要的饮食、如厕、休息和服药的时间。但是，即使明确规定讯问时间，也要考虑被讯问人的个体差异性，因为"疲劳"是一种主观感受，长时间讯问给被讯问人造成的疲劳程度是因人而异的。例如，同样经受长时间讯问，对使用戒具的被讯问人和未使用戒具的被讯问人，在身体和精神上感受到的痛苦是不同的；再如，年轻、身体健康、心理素质好、抗拒审讯意志顽强的被讯问人和年老、体弱多病、面对审讯意志薄弱的被讯问人，对疲劳讯问的耐受力也不一样。因此，判断疲劳讯问，不应仅仅从讯问时间一个方面来考量，还应当根据被讯问人的具体情况、讯问场所的具体环境、是否使用戒具等因素进行综合考量。考虑到疲劳讯问较难界定，《规定》没有对疲劳讯问作出明确的规定。对于使用催眠或者施用药物方法逼取供述的情形，实践中极少出现，问题并不突出，因此暂不作规定。综上，《规定》对刑讯逼供的界定采取了相对概括的方式。《规定》第二条明确，采取殴打、违法使用戒具等暴力方法或者变相肉刑等恶劣手段，使犯罪嫌疑人、被告人遭受难以忍受的痛苦而违背意愿作出的供述，应当予以排除。尽管《规定》没有明确列举变相肉刑的具体类型，但是，实践中，情节较为恶劣的冻、饿、晒、烤和疲劳讯问可以为"变相肉刑"所囊括，不论侦查人员是否与接受讯问的犯罪嫌疑人一同经历长时间的冻、饿、晒、烤或者疲劳讯问，只要上述非法方法达到了"使犯罪嫌疑人、被告人遭受难以忍受的痛苦而违背意愿作出供述"的程度，则通过上述方法获取的供述应当作为非法证据予以排除。

在《规定》制定过程中，有意见提出，引诱、欺骗是刑事诉讼法第五十条严禁的取证方法，只有排除采用引诱、欺骗方法取得的供述，才能落实法律规定，切实防范冤假错案的发生。经研究认为，刑事诉讼法第五十条对威胁、引诱、欺骗的取证方法作了禁止性规定，但是，刑事诉讼法第五十四条规定，采用"刑讯逼供等非法方法"收集的供述应当予以排除，并未明确规定以威胁、引诱、欺骗方法获取的供述一律排除。因此，是否一概将其纳入非法证据的范畴需要慎重考虑。《高法解释》和《高检规则》也均将"等非法方法"解释为与刑讯逼供相当的方法。实践中，采取引诱、欺骗的方法收集证据的问题不像刑讯逼供那样突出。特别是引诱犯罪嫌疑人、被告人作出供述存在一定的模糊地带，与启发性、提示性发问等常规性讯问策略和方式难以区分，如笼统规定对采取上述方法取得的证据一概予以排除，可能不利于有效开展侦查。因此，《规定》第一条原则性地规定了"严禁以刑讯逼供和以威胁、引诱、欺骗以及其他非法方法收集证据"，但没有规定对以引诱、欺骗方法收集的证据绝对排除，是否予以排除，应由法官、检察官在审查证据合法性时综合考量违法性程度作出自由裁量。考虑到威胁手段与刑讯逼供对犯罪嫌疑人、被告人造成的强制力大致相当，《规定》第三条强调，采用以暴力或者严重损害本人及其近亲属合法权益等进行威胁的方法，使犯罪嫌疑人、被告人遭受难以忍受的痛苦而违背意愿作出的供述，应当予以排除。这里的严重损害合法权益进行威胁的方法，包括严重侵害本人及其近亲属的人身、财产、名誉等受法律保护的权益。

《规定》第四条还明确了采取非法拘禁等非法限制人身自由的方法收集的犯罪嫌疑人、被告人供述，应当予以排除。司法实践中，有的办案单位未依法采取强制措施就非法拘禁犯罪嫌疑人、被告人，或者在采取强制措施超过法定期限后仍非法羁押犯罪嫌疑人、被告人，这种逼取口供的方法明显违反法定程序，且严重侵犯犯罪嫌疑人、被告人的人权，应视为刑事诉讼法规定的与刑讯逼供和威胁相当的"其他

非法方法"。

《规定》第六条明确，采用暴力、威胁以及非法限制人身自由等非法方法收集的证人证言、被害人陈述，应当予以排除。刑事诉讼法第五十四条规定，"采用暴力、威胁等非法方法收集的证人证言、被害人陈述，应当予以排除"。在调研听取各方意见的基础上，一致认为侦查机关以非法限制人身自由的方法收集证人证言、被害人陈述的问题在实践中可能发生，故对此予以明确。

《规定》第七条明确，收集物证、书证不符合法定程序，可能严重影响司法公正的，应当予以补正或者作出合理解释；不能补正或者作出合理解释的，对有关证据应当予以排除。该规定与刑事诉讼法的规定相一致。在《规定》制定过程中，有意见提出应当对非法收集实物证据的情形作出明确规定，例如，未经依法批准，采用搜查、扣押等措施收集物证、书证等情形。经研究认为，实践中收集物证、书证不符合法定程序的情形较多，难以通过列举的方式作出规定。刑事诉讼法对侦查机关收集物证、书证的程序有明确规定，如勘验、检查、搜查、扣押以及技术侦查等措施都有具体的程序规范。收集物证、书证是否违反法定程序，可以依照法律和司法解释的规定作出判断。同时，要对严重违反法定程序和程序瑕疵作出区分。根据刑事诉讼法第五十四条的规定，收集物证、书证不符合法定程序，只有可能严重影响司法公正，并且不能补正或者作出合理解释的，才应当予以排除。《高法解释》第九十五条第二款规定："认定刑事诉讼法第五十四条规定的'可能严重影响司法公正'，应当综合考虑收集物证、书证违反法定程序以及所造成后果的严重程度

等情况。"因此,《规定》对于非法实物证据没有规定绝对排除,而是实行裁量排除。

(二)明确刑讯逼供后重复性供述的排除及其例外情形

2012年刑事诉讼法修改时在第五十条规定了"不得强迫任何人证实自己有罪",在法律中正式确立了自白任意性规则。以刑讯逼供或者其他非法方法获取犯罪嫌疑人供述,违反了这一规定,故应当予以排除。但是,关于犯罪嫌疑人、被告人受到刑讯逼供之后作出的与刑讯逼供时所作的供述相同的重复性供述,是否应当予以排除的问题,在理论上和司法实践中一直有很大的争议。其中,有意见认为,犯罪嫌疑人、被告人之所以会作出与刑讯逼供获取的供述相同的重复性供述,通常是由于之前受到刑讯逼供而产生恐惧心理所致,对于受到刑讯逼供影响而作出的重复性供述,在理论上属于"毒树之果",应当排除,否则将使非法证据排除规则的目的落空。另有意见认为,犯罪嫌疑人在后来没有受到刑讯逼供的情况下作出的有罪供述并不是先前侦查人员靠刑讯逼供获得的供述的派生证据,不符合"毒树之果"的法理。刑事诉讼法并没有规定要将此类供述一并排除,排除重复性供述没有法律依据,并且不利于打击犯罪。还有意见认为,对刑讯逼供后再次讯问获取的重复性供述是否应当排除,不应一概而论。如果重复性供述仍然受先前刑讯逼供的影响,则应当一并排除;如果重复性供述是在刑讯逼供的影响消除后自愿作出的,则不应当一并排除。

经研究,基本采纳了第三种意见。《规定》第五条明确,采用刑讯逼供方法使犯罪嫌疑、

被告人作出供述,之后犯罪嫌疑人、被告人受该刑讯逼供行为影响而作出的与该供述相同的重复性供述应当一并排除,但下列情形除外:(1)侦查期间,根据控告、举报或者自己发现等,侦查机关确认或者不能排除以非法方法收集证据而更换侦查人员,其他侦查人员再次讯问时告知诉讼权利和认罪的法律后果,犯罪嫌疑人自愿供述的;(2)审查逮捕、审查起诉和审判期间,检察人员、审判人员讯问时告知诉讼权利和认罪的法律后果,犯罪嫌疑人、被告人自愿供述的。主要考虑是:一方面,犯罪嫌疑人、被告人受刑讯逼供行为影响而作出的与前次供述相同的供述系受到刑讯逼供的"余威"所震慑,心理上会产生恐惧,其所作出的重复性供述是非自愿的,难以保证供述的真实性,如果对这种重复性供述不予排除,则非法证据排除规则的目的就无法实现。实践中,考虑犯罪嫌疑人、被告人所作的重复性供述是否受到之前刑讯逼供行为的影响,可以结合刑讯逼供的严重程度以及给犯罪嫌疑人、被告人造成的身体和心理伤害,再次讯问距离刑讯逼供的时间间隔,再次讯问的人员是否参与过刑讯逼供、是否有语言或者行为上的威胁,再次讯问的人员是否按照规定告知犯罪嫌疑人、被告人诉讼权利和认罪的法律后果等进行综合判断。另一方面,对刑讯逼供影响消失后犯罪嫌疑人、被告人自愿作出的重复性供述不应作为非法证据排除。首先,侦查机关负有主动排除非法证据的职责。在侦查期间,侦查机关根据犯罪嫌疑人及其辩护律师的控告、举报或者自己发现线索,确认或者不能排除以非法方法收集证据而主动更换侦查人员,其他侦查人员再次讯问时告知犯罪嫌疑人诉讼权利和认罪的法律后果,

是对侦查刑讯逼供、非法取证的一种预防和纠正，如果对重新讯问取得的重复性供述也予以排除，势必会影响侦查机关自我纠错，主动排除非法证据的积极性。其次，检察机关作为法律监督机关，具有客观公正义务，与侦查机关之间有着监督制约的关系，审判机关是中立的裁判者，随着诉讼阶段的变更，检察人员、审判人员的讯问通常能够阻断侦查阶段刑讯逼供的影响。犯罪嫌疑人、被告人在审查逮捕、审查起诉和审判期间所作的自愿供述，并不违反自白任意性规则，故不应作为非法证据一并排除。最后，认罪是犯罪嫌疑人、被告人的权利。按照认罪认罚从宽制度改革的精神，认罪认罚的犯罪嫌疑人、被告人可以获得程序上从简处理和实体上从宽处理的法律后果，其有自愿如实供述自己罪行的权利，如果对犯罪嫌疑人、被告人自愿作出的重复供述一概予以排除，显然对犯罪嫌疑人、被告人不利。

在《规定》制定过程中，对于是否需要对应当排除的重复性供述作"基本相同"的限定，存在认识分歧。一种意见认为，"重复性"是指本次供述与受到刑讯逼供所作的供述在内容上完全相同或者基本相同。实践中，两次供述内容完全相同、严丝合缝的情况比较罕见，从条文表述的简洁性上看，可以不作"基本相同"的限定。另一种意见则认为，若不作特别强调，可能导致实践中对两次供述涉及主要犯罪事实相同而案件的某些具体细节略有出入的情形不作为重复性供述排除。因此，有必要对重复性供述作"基本相同"的限定。还有意见认为，只要犯罪嫌疑人、被告人受刑讯逼供的影响所作的数次供述的结论都是有罪供述，就可以认定为重复性供述。即不要求供述的内容完

全相同，只要结论定性相同就应当排除。经研究认为，犯罪嫌疑人、被告人供述具有不稳定性、反复性的特点，一方面与刑讯逼供、诱供等外部因素的影响有关，另一方面也是由犯罪嫌疑人、被告人趋利避害的心理活动的复杂性决定的，其内心的真实想法经常随着讯问人员和诉讼环节的变化而发生变化，"翻供"现象十分常见。另外，供述的内容有时会受其记忆和表达的影响。如果不考虑供述的内容是否一致，将结论相同的有罪供述认定为重复性供述一概予以排除，显然既不利于打击犯罪，又可能将有利于犯罪嫌疑人、被告人的坦白证据也一并排除。但是，现实中确有可能出现侦查人员利用前次刑讯逼供的影响进行指供、诱供，强迫、诱导犯罪嫌疑人、被告人按照自己的意图对供述内容作出"补充""修正"，导致前后供述的内容不完全一致的情况。对此，应当结合刑讯逼供的影响、前后数次供述的内容等具体情况作出具体判断。初步意见是，《规定》第五条中所称的"相同的重复性供述"应指前后数次供述中关于作案人、被害人、作案时间、地点、行为手段、方法、造成的结果等犯罪构成要件事实和重要量刑情节的内容基本一致。重复性供述的排除是实践中争议较大的疑难问题，还需要通过司法实践进一步积累经验，通过制发指导性案例等逐步发展完善重复性供述的排除规则。

另外，需要强调的是，证据能力不等于证明力，证据的合法性不代表真实性。根据刑事诉讼法第五十三条规定的口供补强规则，只有被告人供述，没有其他证据的，不能认定被告人有罪和处以刑罚。2010年"两高三部"《关于办理死刑案件审查判断证据若干问题的规定》

第二十二条规定了翻供经与其他证据相互印证后可采信的原则，强调对被告人供述和辩解的审查，应当结合控辩双方提供的所有证据以及被告人本人的全部供述和辩解进行。《高法解释》第八十三条也作了类似规定。因此，在办理案件中应当特别注意，对于犯罪嫌疑人、被告人在受到刑讯逼供后再次接受其他办案人员讯问时自愿作出的重复性供述，尽管不能作为非法证据予以排除，但也必须与其之前的供述、同案犯罪嫌疑人、被告人的供述和辩解以及其他在案证据相互印证，才能被采信。对于犯罪嫌疑人、被告人在受到刑讯逼供之前作出的供述与受到刑讯逼供时所作的供述内容基本一致的，尽管此前的供述不是以非法方法获取的，在合法性上没有问题，但也要按照供证相互印证的原则进行审查。

（三）对讯问场所、讯问录音录像、讯问笔录作出规范

《规定》第九条强调，拘留、逮捕犯罪嫌疑人后，应当按照法律规定送看守所羁押。犯罪嫌疑人被送交看守所羁押后，讯问应当在看守所讯问室进行。因客观原因侦查机关在看守所讯问室以外的场所进行讯问的，应当作出合理解释。

关于何时将被拘留、逮捕的犯罪嫌疑人送交看守所，刑事诉讼法第八十三条第二款规定，拘留后，应当立即将被拘留人送看守所羁押，至迟不得超过二十四小时；第九十一条第二款规定，逮捕后，应当立即将被逮捕人送看守所羁押。同时，刑事诉讼法第八十四条和第九十二条还规定，公安机关对被拘留的人，应当在拘留后的二十四小时以内进行讯问；公安机关对于经人民检察院批准逮捕的人，必须在逮捕后的二十四小时以内进行讯问。刑事诉讼法并未限制侦查机关在将犯罪嫌疑人送交看守所羁押前对其进行讯问，因此，除确有必要进行紧急讯问的，可以在送看守所羁押之前在侦查机关的讯问室等办案场所进行讯问外，对被拘留、逮捕的犯罪嫌疑人一般应当立即送看守所羁押并在看守所对其进行讯问。

2012年刑事诉讼法修改时，在第一百一十六条增加了第二款，即"犯罪嫌疑人被送交看守所羁押以后，侦查人员对其进行讯问，应当在看守所内进行"。其意义在于：第一，在以往的实践中，大量的刑讯逼供多发生在看守所以外的讯问过程中，规定在看守所进行讯问，可以有效防止刑讯逼供。第二，由于看守所本身不是侦查机关，其职责就是看管犯罪嫌疑人，所以对侦查机关及其侦查人员能够起到一定的制约作用。因此，当犯罪嫌疑人被送交看守所羁押后，对其讯问只能在看守所进行，不得将其提解至所外讯问。1991年《看守所条例实施办法（试行）》第二十三条第二款规定，因侦查工作需要，两名以上办案人员持县级以上公安机关、国家安全机关或者人民检察院领导批示，凭加盖看守所公章的提讯证或者提票，可以提犯罪嫌疑人出所辨认罪犯、罪证或者起赃。实践中，有的案件基于起赃、辨认等需要，可能会将犯罪嫌疑人提解到看守所外，这种情况下容易发生在看守所外对犯罪嫌疑人进行殴打、威胁的情形，因此，看守所应当严格执行提讯登记和收押体检制度。同时，办案人员应当按照2016年《公安机关现场执法视音频记录工作规定》的有关规定，对起赃、辨认等过程进行视音频记录。根据《规定》，对于送交看守所羁押的犯罪嫌疑人应当在看守所的讯问室进行讯问，同时，侦查机关由于客观原因在看守所讯问室以外的场所讯问犯罪嫌疑人的，必须作出合理解释。对于"客观原因"包括哪些情形，《规定》未作列举，实践中应当从严掌握。对于不能作出合理解释，且根据体检记录等证据材料，不能排除以非法方法讯问的，获取的供述应当予以排除。

讯问录音录像是保护犯罪嫌疑人、被告人不被刑讯逼供、非法审讯的有效措施；是侦查机关记录讯问过程，固定言词证据，防止犯罪嫌疑人、被告人翻供的重要手段；是犯罪嫌疑人、被告人及其辩护人提出排除非法证据申请的主要线索和材料；是人民检察院审查和证明证据收集合法性的关键证据；是人民法院审查和调查证据收集合法性的重要判断依据。在刑事诉讼法确立讯问录音录像制度之前，讯问的过程和内容完全是通过笔录的形式加以固定的，庭审中将讯问笔录作为展示犯罪嫌疑人供述和辩解的证据使用。讯问笔录虽然与讯问活动同步进行，但是具有静态性、片面性、主观性的缺陷。与讯问笔录相比，同步录音录像具有客观性、动态性的特点，能够通过声音和图像完整地反映讯问的全过程，通过在法庭上播放能够生动地再现讯问过程，观察犯罪嫌疑人在接受讯问过程中的身体状况、精神状态、语气语调、表情神态等，进而判断侦查人员有无非法审讯的行为，为非法证据排除提供判断依据，具有讯问笔录所不能比拟的优势。所以，当讯问笔录证明的内容与讯问同步录音录像存在实质性差异时，讯问同步录音录像的证明力和可采信性更强。

2012年修订的刑事诉讼法第一百二十一条确立了讯问录音录像制度，规定："侦查人员在讯问犯罪嫌疑人的时候，可以对讯问过程进行录音或者录像；对于可能判处无期徒刑、死刑的案件或者其他重大犯罪案件，应当对讯问过程进行录音或者录像。录音或者录像应当全程进行，保持完整性。"在《规定》制定过程中，有意见提出，《规定》应当比刑事诉讼法有所进步，明确对所有刑事案件都应当进行讯问录音录像，侦查机关和看守所现有的硬件和技术条件能够实现这一目标。考虑到将讯问录音录像逐步推广适用于全部刑事案件需要一定的时间进行平稳过渡，目前各地是否已经具备对全部案件进行讯问录音录像的条件，需要充分调研摸底，因此，《规定》第十条要求，侦查人员在讯问犯罪嫌疑人的时候，可以对讯问过程进行录音录像；对于可能判处无期徒刑、死刑的案件或者其他重大犯罪案件，应当对讯问过程进行录音录像。侦查人员应当告知犯罪嫌疑人对讯问过程录音录像，并在讯问笔录中写明。应当讯问录音录像的案件范围与刑事诉讼法第一百二十一条规定保持一致，只是将"录音或者录像"改为"录音录像"。关于"其他重大犯罪案件"的范围，目前仍然按照2014年《公安机关讯问犯罪嫌疑人录音录像工作规定》第四条的规定执行。另外，人民检察院讯问职务犯罪嫌疑人也仍然适用2005年最高人民检察院颁布的《人民检察院讯问职务犯罪嫌疑人实行全程录音录像的规定（试行）》。

针对实践中可能出现侦查人员对讯问过程进行选择性录制的问题，《规定》第十一条规范了对讯问录音录像的制作要求，明确对讯问过程录音录像，应当不间断进行，保持完整性，不得选择性地录制，不得剪接、删改。为防止侦查人员将犯罪嫌疑人提押至看守所讯问室后先对其使用暴力或者威胁，再进行讯问并录音录像，杜绝"打时不录，录时不打"的问题，讯问录音录像一般应当自提押犯罪嫌疑人到讯问室等规定的办案场所时开始录制，至犯罪嫌疑人核对讯问笔录并签字确认后结束录制。

关于未依法制作讯问录音录像是否应当排除相关供述的问题，2013年《最高人民法院关于建立健全防范刑事冤假错案工作机制的意见》第八条第二款明确规定："除情况紧急必须现场讯问以外，在规定的办案场所外讯问取得的供述，未依法对讯问进行全程录音录像取得的供述，以及不能排除以非法方法取得的供述，应当排除。"我们认为，将"未依法对讯问进行全程录音录像取得的供述"作为非法证据予以排除过于绝对。首先，未依照规定对讯问过程录音录像仅仅是具有非法讯问的可能性，并不意味着侦查人员一定采取了刑讯逼供等非法方法讯问犯罪嫌疑人；其次，未依照规定对讯问过程录音录像并不意味着被告人对证据收集合法性提出异议和对供述予以否认；最后，由于技术故障等客观原因无法对讯问过程进行录音录像，并且是在讯问后发现的，如果将这种情形认定为未依照规定对讯问过程录音录像进而排除相关供述，显然不合适。排除非法证据的落脚点在于讯问时是否使用了法律所禁止的非法方法，而不在于是否依照法律规定对讯问进行全程录音录像。因此，虽然没有按照规定进行讯问录音录像，但是根据现有的证据材料能够排除侦查人员存在以非法方法收集证据的合理怀疑的，对获取的供述不应当予以排除。虽然进行了讯问录音录像，但是讯问录音录像存在选择性录制或者剪接、删改，根据提讯登记、

体检记录等证据，确认或者不能排除有刑讯逼供、非法取证可能的，所获取的供述应当依法排除。

目前，在司法实践中，讯问笔录仍然是固定犯罪嫌疑人供述最主要也是最常见的证据形式。人民检察院、人民法院可以通过讯问笔录显示的讯问时间、地点、提问内容、笔录篇幅等情况，对讯问的合法性进行审查。为了进一步规范讯问笔录的制作，确保讯问笔录的真实性，充分保障犯罪嫌疑人知悉讯问笔录内容以及对讯问笔录进行核对、补充和改正的权利，《规定》第十二条明确，侦查人员讯问犯罪嫌疑人，应当依法制作讯问笔录。讯问笔录应当交犯罪嫌疑人核对，对于没有阅读能力的，应当向他宣读。对讯问笔录中有遗漏或者差错等情形，犯罪嫌疑人可以提出补充或者改正。

（四）严格执行提讯登记、收押体检制度

根据看守所的有关管理规定，犯罪嫌疑人被送交看守所进行羁押时，以及此后办案单位对犯罪嫌疑人的提讯和还押过程，看守所都要进行登记，并对犯罪嫌疑人进行健康和身体检查。登记和体检既是看守所内部管理要求，同时也为证明取证行为是否具有合法性提供了重要的证据材料。《看守所条例实施办法（试行）》第二十二条第二款规定："看守所应当建立提讯登记制度。对每次提讯的单位、人员和被提讯人的姓名以及提讯的起止时间进行登记。"提讯登记能够客观地反映办案单位提讯的有关情况，通过审查提讯登记的内容，与讯问笔录、讯问录音录像等进行比对，能够发现讯问笔录记载的时间是否准确、讯问录音录像是否全程同步进行等问题。这些都是审查判断讯问合法性的

重要切入点。

在收押时对犯罪嫌疑人、被告人进行身体检查，对比讯问前后的身体状况有无变化，是证明其是否受过刑讯逼供的重要证据材料，也是从程序上防止刑讯逼供的一种重要手段。2012年《公安机关办理刑事案件程序规定》第一百五十条规定："看守所收押犯罪嫌疑人、被告人和罪犯，应当进行健康和体表检查，并予以记录。"无论是看守所初次收押犯罪嫌疑人，还是办案单位将犯罪嫌疑人提押出看守所后，看守所再次收押，都要进行体检，以便及时发现犯罪嫌疑人身体上的损伤或者异常情况，进而通过调查确定身体损伤或者异常情况的原因。根据2012年《高检规则》第七十条的规定，人民检察院可以采取调取、查询犯罪嫌疑人出入看守所的身体检查记录及相关材料的方式对非法取证行为进行调查核实。

严格落实提讯登记和收押体检制度，有助于看守所依法履行羁押监管职责，及时发现办案单位的违法办案情形，有效遏制办案人员在将犯罪嫌疑人送交看守所后实施刑讯逼供等非法取证行为，相应地，看守所是否严格按照规定实行提讯登记和身体检查，应当作为人民检察院对看守所执法活动实行监督的对象。为了充分发挥这两项制度对刑讯逼供的遏制作用，《规定》第十三条要求，看守所应当对提讯进行登记，写明提讯单位、人员、事由、起止时间以及犯罪嫌疑人姓名等情况。看守所收押犯罪嫌疑人，应当进行身体检查。检查发现犯罪嫌疑人有伤或者身体异常的，看守所应当拍照或者录像，并在体检记录中写明，由送押人员、收押人员和犯罪嫌疑人签字确认。同时，明确了检查时人民检察院驻所检察人员可以在场。

进一步强化了人民检察院对看守所收押体检的现场监督，从而防止收押体检流于形式，确保看守所如实记录体检结果，为检察机关、审判机关在此后的诉讼阶段中审查、调查证据收集合法性，追究办案人员刑讯逼供、非法取证的法律责任及时固定证据，同时，对潜在的可能实施刑讯逼供的办案人员产生一定的威慑作用。

（五）强化侦查机关自行排除非法证据的职责

侦查机关、检察机关、审判机关都不得采取非法方法收集证据，也都有维护司法公正和诉讼参与人合法权利的职责，在刑事诉讼各阶段发现已经收集的证据中有依法应当排除的非法证据的，都有义务予以排除。刑事诉讼法第五十四条第二款规定："在侦查、审查起诉、审判时发现有应当排除的证据的，应当依法予以排除，不得作为起诉意见、起诉决定和判决的依据。"据此，侦查机关也有排除非法证据的义务，这是我国非法证据排除制度的一大特色。《公安机关办理刑事案件程序规定》第六十七条第三款规定："在侦查阶段发现有应当排除的证据的，经县级以上公安机关负责人批准，应当依法予以排除，不得作为提请批准逮捕、移送审查起诉的依据。"该规定有利于公安机关对侦查行为加强内部监督，尽早发现和排除非法证据，提高办案质量，维护犯罪嫌疑人合法权利。《规定》第八条、第十四条第二款和第十五条重申了侦查机关的取证要求和主动排除非法证据的义务，强调侦查机关应当依照法定程序开展侦查，收集、调取能够证实犯罪嫌疑人有罪或者无罪、罪轻或者罪重的证据材料。要求侦查机关对审查认定的非法证据应当予以排除，不得作为提请批准逮捕、移送审查起诉的根据。对侦查终结的案件，侦查机关应当全面审查证明证据收集合法性的证据材料，依法排除非法证据。排除非法证据后，证据不足的，不得移送审查起诉。侦查机关发现办案人员非法取证的，应当依法作出处理，并可另行指派侦查人员重新调查取证。上述规定有利于侦查机关严把案件证据关，提高移送审查起诉的案件质量，保障犯罪嫌疑人合法权利。

（六）强化人民检察院在审前程序中对非法证据的调查核实

人民检察院作为国家法律监督机关的定位决定其在刑事诉讼中必须承担客观公正的义务，在审查判断证据时既要重视证明犯罪嫌疑人有罪或者罪重的证据，也要重视证明犯罪嫌疑人无罪或者罪轻的证据，依法审查并排除非法证据。人民检察院审查和排除非法证据主要是在审前程序中。《规定》从以下几个方面强化了人民检察院在审前程序中对非法证据的调查核实职能和对案件的过滤功能：

一是强化了在侦查期间对侦查机关取证合法性的监督。《规定》第十四条第一款规定，犯罪嫌疑人及其辩护人在侦查期间可以向人民检察院申请排除非法证据。对犯罪嫌疑人及其辩护人提供相关线索或者材料的，人民检察院应当调查核实。调查结论应当书面告知犯罪嫌疑人及其辩护人。对确有以非法方法收集证据情形的，人民检察院应当向侦查机关提出纠正意见。该规定赋予了犯罪嫌疑人及其辩护人在侦查期间向人民检察院申请排除非法证据的权利，进一步强化了检察机关对侦查取证活动的监督。

二是强化了在侦查终结前对重大案件讯问

合法性的核查。《规定》第十四条第三款明确，对重大案件，人民检察院驻所检察人员应当在侦查终结前询问犯罪嫌疑人，核查是否存在刑讯逼供、非法取证情形，并同步录音录像。经核查，确有刑讯逼供、非法取证情形的，侦查机关应当及时排除非法证据，不得作为提请批准逮捕、移送审查起诉的根据。该规定沿袭了《关于推进以审判为中心的刑事诉讼制度改革的意见》的规定。重大案件侦查终结前讯问合法性核查制度的建立有利于强化检察机关对侦查活动的监督，对侦查工作形成倒逼机制，提高重大案件的办案质量，对采取非法方法收集的证据早核查、早发现、早排除，防止"有病证据"作为提请批准逮捕、移送审查起诉的根据。以往检察机关承担非法证据调查核实职责的部门主要是侦查监督部门和公诉部门，《规定》赋予了刑事执行检察部门调查核实非法证据的职责，进一步强化了检察机关对侦查取证活动的监督。人民检察院派驻看守所检察人员承担对讯问合法性核查职能具有亲历性、便利性和相对中立性等优势，驻所检察人员常驻看守所，日常能够通过谈话、询问等方式获知是否有刑讯逼供等非法讯问情形，有条件第一时间知悉羁押人员的情况，并可以根据具体情况进行拍照、录像等固定相关证据，防止证据灭失，且与办案机关没有利益上的直接关系，更能独立、公正地开展讯问合法性核查，有助于实现监督关口前移，解决当前刑讯逼供发现滞后、调查取证困难、证据易于灭失等问题。重大案件侦查终结前讯问合法性核查制度既适用于公安机关、国家安全机关侦查的重大案件，也适用于人民检察院侦查的重大案件。在《规定》制定过程中，曾有意见认为，对人民检察院侦查的重大案件，应由驻看守所值班律师询问犯罪嫌疑人，核查是否存在刑讯逼供、非法取证情形。经研究认为，保护在押人员合法权益是人民检察院驻所检察人员的主要职责之一，驻所检察人员并非办案人员，独立行使监督职责。值班律师的职责只是为在押的犯罪嫌疑人提供法律帮助，目前值班律师制度没有普遍建立，并不是所有看守所都驻有值班律师，并且，由驻看守所值班律师询问并核实是否存在刑讯逼供、非法取证情形，缺乏法律依据和现实可操作性。因此，《规定》没有采纳这一意见。

《规定》对"重大案件"的范围没有作出明确，司法解释等有关规定中关于"重大案件"的认定标准也不尽一致。例如，根据《最高人民法院关于处理自首和立功具体应用法律若干问题的解释》第七条第二款的规定，"重大案件"的标准，一般是指犯罪嫌疑人、被告人可能被判处无期徒刑以上刑罚或者案件在本省、自治区、直辖市或者全国范围内有较大影响等情形。而按照"两高"《关于办理贪污贿赂刑事案件适用法律若干问题的解释》第十四条第二款的规定，根据犯罪的事实、情节，已经或者可能被判处十年有期徒刑以上刑罚的，或者案件在本省、自治区、直辖市或者全国范围内有较大影响的，可以认定为刑法第三百九十条第二款规定的"重大案件"。再如，刑事诉讼法第一百二十一条第一款规定，"对于可能判处无期徒刑、死刑的案件或者其他重大犯罪案件，应当对讯问过程进行录音或者录像"。《公安机关讯问犯罪嫌疑人录音录像工作规定》第四条进一步明确了"重大犯罪案件"包括下列案件：（1）可能判处无期徒刑、死刑的案件；（2）致人重伤、死亡的严重危害公共安全犯罪、严重

侵犯公民人身权利犯罪案件；（3）黑社会性质组织犯罪案件，包括组织、领导黑社会性质组织，入境发展黑社会组织，包庇、纵容黑社会性质组织等犯罪案件；（4）严重毒品犯罪案件，包括走私、贩卖、运输、制造毒品，非法持有毒品数量大的，包庇走私、贩卖、运输、制造毒品的犯罪分子情节严重的，走私、非法买卖制毒物品数量大的犯罪案件；（5）其他故意犯罪案件，可能判处十年以上有期徒刑的。关于"重大案件"的具体范围，需要由最高人民检察院会同公安部、国家安全部进一步研究明确。我们认为，从制度目的上看，重大案件侦查终结前讯问合法性核查制度与重大案件讯问录音录像制度都是为了防止刑讯逼供、非法取证，因此，二者的重大案件范围应当基本一致。另外，关于核查的程序节点、核查的具体方式、处理结果，以及如何与审查逮捕、审查起诉等程序进行衔接等问题，也需要作出细化规定，以促进核查制度尽早落实。

三是强化了审查逮捕和审查起诉阶段的非法证据审查和排除工作。审查逮捕和审查起诉是刑事诉讼程序中承前启后的关键环节，在审查逮捕和审查起诉阶段严把案件事实关、证据关，依法排除非法证据，有助于纠正侦查程序中的违法行为，防范冤假错案发生。《规定》第十六条至第十八条对审查逮捕、审查起诉阶段人民检察院审查、排除非法证据的程序作出了规定。《规定》第十六条要求，审查逮捕、审查起诉期间讯问犯罪嫌疑人，应当告知其有权申请排除非法证据，并告知诉讼权利和认罪的法律后果，规范了讯问时的权利告知。《规定》第十七条规定，审查逮捕、审查起诉期间，犯罪嫌疑人及其辩护人申请排除非法证据，并提供

相关线索或者材料的，人民检察院应当调查核实。调查结论应当书面告知犯罪嫌疑人及其辩护人。人民检察院在审查起诉期间发现侦查人员以刑讯逼供等非法方法收集证据的，应当依法排除相关证据并提出纠正意见，必要时人民检察院可以自行调查取证。人民检察院对审查认定的非法证据，应当予以排除，不得作为批准或者决定逮捕、提起公诉的根据。被排除的非法证据应当随案移送，并写明为依法排除的非法证据。根据《高检规则》第七十条的规定，调查核实措施主要包括：讯问犯罪嫌疑人；询问办案人员；询问在场人员及证人；听取辩护律师意见；调取讯问笔录、讯问录音、录像；调取、查询犯罪嫌疑人出入看守所的身体检查记录及相关材料；进行伤情、病情检查或者鉴定，等等。

为严格把握审查逮捕和审查起诉的证明标准，《规定》第十八条第一款规定，人民检察院依法排除非法证据后，证据不足，不符合逮捕、起诉条件的，不得批准或者决定逮捕、提起公诉。在《规定》制定过程中，有意见提出，侦查机关应有对人民检察院排除非法证据的决定提出异议的程序救济权。对此，《规定》第十八条第二款明确，对于人民检察院排除有关证据导致对涉嫌的重要犯罪事实未予认定，从而作出不批准逮捕、不起诉决定，或者对涉嫌的部分重要犯罪事实决定不起诉的，公安机关、国家安全机关可以要求复议、提请复核。

（七）完善辩护和法律援助制度

非法证据排除规则的有效实行，离不开辩护律师的参与。但在侦查阶段，许多犯罪嫌疑人缺乏辩护律师的法律帮助，在面对刑讯逼供等非法取证行为时，不知道如何有效维护自己的合法权益，难以获取办案人员非法取证的证据材料，提出的排除非法证据的申请很难获得支持。鉴于"两高两部"印发的《关于在部分地区开展刑事案件速裁程序试点工作的办法》，"两高三部"印发的《关于在部分地区开展刑事案件认罪认罚从宽制度试点工作的办法》和《关于推进以审判为中心的刑事诉讼制度改革的意见》中均要求建立值班律师制度，为保障犯罪嫌疑人、被告人在权益遭受侵犯时及时地寻求法律救济，《规定》第十九条要求，犯罪嫌疑人、被告人申请提供法律援助的，应当按照有关规定指派法律援助律师。法律援助值班律师可以为犯罪嫌疑人、被告人提供法律帮助，对刑讯逼供、非法取证情形代理申诉、控告。目前，"两高三部"正在起草《关于开展法律援助值班律师工作的意见》，就法律援助值班律师的权利、义务、人员管理、工作方式等问题作出具体规定。

《规定》第二十条要求，犯罪嫌疑人、被告人及其辩护人申请排除非法证据，应当提供涉嫌非法取证的人员、时间、地点、方式、内容等相关线索或者材料。2010 年"两高三部"《关于办理刑事案件排除非法证据若干问题的规定》第六条规定："被告人及其辩护人提出被告人审判前供述是非法取得的，法庭应当要求其提供涉嫌非法取证的人员、时间、地点、方式、内容等相关线索或者证据。"2012 年刑事诉讼法第五十六条第二款沿袭了上述做法，规定向法院申请排除以非法方法收集的证据的，应当提供相关线索或者材料，主要考虑是：对于取证行为合法性的证明责任虽然由控诉方承担，但启动证据合法性调查程序的初步证明责任应由被告人一方承担，以防止被告人滥用排除非法证据的申请权，拖延审判期限，造成司法资源的浪费。关于"相关线索或者材料"，要有具体的指向性，有据可查。所谓"相关线索"，主要是指被告人及其辩护人提供的涉嫌刑讯的人员、时间、地点、方式等细节信息，如被告人明确指出讯问人员于特定的时间在看守所以外的特定场所对其实施刑讯；被告人及其辩护人提供能够证明非法取证情形的同监羁押人员和其他在场人员的信息等。所谓"相关材料"，主要是指被告人及其辩护人提供的反映被告人因刑讯致伤的医院病历、看守所体检记录、被告人体表损伤及衣物损坏情况；反映被告人遭受刑讯的看守所看管人员及被告人同监羁押人员的书面证言；反映讯问过程中存在或者可能存在刑讯逼供行为的讯问笔录和讯问录音录像等。需要注意的是，被告人及其辩护人承担提供相关线索或者材料的责任，只需使法庭对证据收集合法性产生疑问即可，不同于检察机关承担取证合法性的证明责任。

实践中，辩护人除自行收集办案人员涉嫌非法取证的有关证据材料外，主要是查阅、摘抄、复制办案机关收集的相关证据材料和申请人民检察院、人民法院调取相关证据材料。《规定》第二十一条明确，辩护律师自人民检察院对案件审查起诉之日起，可以查阅、摘抄、复制讯问笔录、提讯登记、采取强制措施或者侦查措施的法律文书等证据材料。其他辩护人经人民法院、人民检察院许可，也可以查阅、摘抄、复制上述证据材料。《规定》第二十二条明确，犯罪嫌疑人、被告人及其辩护人向人民法院、人民检察院申请调取公安机关、国家安全机关、人民检察院收集但未提交的讯问录音录像、体检记录等证据材料，人民法院、人民检察院经审查认为犯罪嫌疑人、被告人及其辩护人申请调取的证据材料与证明证据收集的合法性有联系的，应当予以调取；认为与证明证据收集的合法性没有联系的，应当决定不予调取并向犯罪嫌疑人、被告人及其辩护人说明理由。

（八）完善庭前会议对证据收集合法性争议处理的机制

2012年修订的刑事诉讼法增设了庭前会议程序，《高法解释》第九十九条规定："开庭审理前，当事人及其辩护人、诉讼代理人申请排除非法证据，人民法院经审查，对证据收集的合法性有疑问的，应当依照刑事诉讼法第一百八十二条第二款的规定召开庭前会议，就非法证据排除等问题了解情况，听取意见。人民检察院可以通过出示有关证据材料等方式，对证据收集的合法性加以说明。"通过庭前会议，能够减少庭审中的证据收集合法性争议，并对未决争议明确焦点，提高法庭调查的针对性和庭审效率，避免被告人当庭提出排除非法证据的申请导致庭审中断，影响审判的顺利进行。为此，《规定》第二十三条要求，人民法院向被告人及其辩护人送达起诉书副本时，应当告知其有权申请排除非法证据。被告人及其辩护人申请排除非法证据，应当在开庭审理前提出，但在庭审期间发现相关线索或者材料等情形除外。人民法院应当在开庭审理前将申请书和相关线索或者材料的复制件送交人民检察院。《规定》第二十四条规定，被告人及其辩护人在开庭审理前申请排除非法证据，未提供相关线索或者材料，不符合法律规定的申请条件的，人民法院对申请不予受理。《规定》第二十五条第一款明确了被告人及其辩护人在开庭审理前申请排除非法证据，只要能够按照法律规定提供相关线索或者材料，召开庭前会议就是必经的程序。人民检察院应当通过出示有关证据材料等方式，有针对性地对证据收集的合法性作出说明。人民法院可以核实情况，听取意见。同时，《规定》第二十五条第二款和第三款、第二十六条明确了在庭前会议中，如果控辩双方对证据收集是否合法达成一致意见，人民检察院撤回相关证据或被告人及其辩护人撤回排除非法证据的申请，或者控辩双方虽未达成一致意见，人民法院对证据收集的合法性进行审查后对取证合法性没有疑问，且没有新的线索或者材料表明可能存在非法取证的，在庭审阶段可以不再启动针对证据收集合法性的法庭调查。《规定》第二十八条要求，公诉人宣读起诉书后，法庭应当宣布开庭审理前对证据收集合法性的审查及处理情况。

（九）完善庭审阶段对证据收集合法性的审查与调查程序

尽管《规定》强调被告人及其辩护人应当在开庭前提出排除非法证据的申请，但在有的案件中，辩方因各种主客观因素未在开庭前提出申请，如不允许其当庭提出申请，不利于保障辩方的诉讼权利。因此，应当允许其在庭审中提出排除非法证据的申请，但同时应当要求其说明未在开庭审理前提出申请的理由。《规定》第二十九条明确，被告人及其辩护人在开庭审理前未申请排除非法证据，在法庭审理过程中提出申请的，应当说明理由。对于当庭提出申请的，法庭应当进行审查，经审查，对证据收集的合法性有疑问的，应当进行调查；没

有疑问的，应当驳回申请。同时强调，法庭驳回排除非法证据申请后，被告人及其辩护人没有新的线索或者材料，以相同理由再次提出申请的，法庭不再审查。

《规定》第三十一条第一款明确了公诉人对证据收集合法性的证明方式，可以出示讯问笔录、提讯登记、体检记录、采取强制措施或者侦查措施的法律文书、侦查终结前对讯问合法性的核查材料等证据材料，有针对性地播放讯问录音录像，提请法庭通知侦查人员或者其他人员出庭说明情况。公诉人出示讯问笔录不要求宣读讯问笔录的全部内容，只需要通过提交法庭核对笔录上记录的讯问时间、地点、提问内容等来证明讯问过程是否合法。播放讯问录音录像不要求当庭完整播放，只需要针对被告人及其辩护人对取证合法性提出异议或者对讯问录音录像的连续性、完整性提出质疑的特定时段的讯问录音录像进行播放，以提高庭审效率。公诉人可以根据证明证据收集合法性的需要决定是否提请法庭通知侦查人员或者其他人员出庭说明情况。

《规定》第三十一条第二款明确，被告人及其辩护人可以出示相关线索或者材料，并申请法庭播放特定时段的讯问录音录像。《规定》第二十七条规定，被告人及其辩护人申请人民法院通知侦查人员或者其他人员出庭，人民法院认为现有证据材料不能证明证据收集的合法性，确有必要通知上述人员出庭作证或者说明情况的，可以通知上述人员出庭。刑事诉讼法没有明确规定被告人及其辩护人申请人民法院通知有关侦查人员或者其他人员出庭说明情况的权利，《规定》赋予其这种权利，有利于辩方进行举证、质证。这里的"其他人员"主要是指

侦查人员以外的能够证明证据收集合法性的人员，如在场的看守所监管人员、驻所检察人员、值班律师、同监羁押人员等侦查取证活动的亲历者、见证人或者知情人。与法院依职权通知侦查人员或者其他人员出庭说明情况和有关侦查人员或者其他人员主动要求出庭说明情况不同，对于被告人及其辩护人申请上述人员出庭的，法庭并非无条件准许。主要考虑是，侦查人员的主要职责是侦查犯罪，看守所监管人员、驻所检察人员、值班律师等也都承担着各自的职责，如果被告人及其辩护人对证据收集的合法性提出异议，就一律要求上述人员出庭，非但没有必要，而且会大大增加其负担，影响其本职工作，因此，法庭应当对必要性作出审查。只有当现有证据材料不能证明证据收集的合法性，确有必要通知上述人员出庭作证或者说明情况的，才通知其出庭。

《规定》第三十一条第三款和第四款、第三十二条明确，侦查人员或者其他人员出庭，应当向法庭说明证据收集过程，并就相关情况接受发问。对发问方式不当或者内容与证据收集的合法性无关的，法庭应当制止。公诉人、被告人及其辩护人可以对证据收集的合法性进行质证、辩论。法庭对控辩双方提供的证据有疑问的，可以宣布休庭，对证据进行调查核实。必要时，可以通知公诉人、辩护人到场。

《规定》明确了庭审中对证据收集合法性进行法庭调查的顺序。关于何时进行证据收集合法性的调查，以前没有明确的规定和硬性要求。考虑到证据合法性调查属于证据能力的调查，而证据能力的调查是证明力调查的先决条件，只有对证据收集的合法性争议作出裁判后，才能决定能否对该证据宣读、质证，因此，法

庭调查应当具有一定的顺序性和程序性，证据合法性调查具有相对独立性。《规定》第三十条要求，庭审期间，法庭决定对证据收集的合法性进行调查的，应当先行当庭调查。但为防止庭审过分迟延，也可以在法庭调查结束前进行调查。相应地，《规定》第三十三条第一款要求，法庭对证据收集的合法性进行调查后，应当当庭作出是否排除有关证据的决定。必要时，可以宣布休庭，由合议庭评议或者提交审判委员会讨论，再次开庭时宣布决定。鉴于证据的合法性是证据资格的基本要求，证据收集合法性争议的解决是证据能否进入庭审质证程序的前提，同时也为了防止争议证据对案件事实的判断产生先入为主的影响，《规定》第三十三条第二款强调，在法庭作出是否排除有关证据的决定以前，不得对有关证据进行宣读、质证。据此，无论是先行当庭调查还是法庭调查结束前一并调查，都必须首先解决证据收集合法性的争议，在此之前，不能对有争议的证据进行宣读、质证。

《规定》明确了法庭对证据收集合法性进行调查后对有关证据的处理规则。刑事诉讼法第五十八条规定："对于经过法庭审理，确认或者不能排除存在本法第五十四条规定的以非法方法收集证据情形的，对有关证据应当予以排除。"基于上述规定，《规定》第三十四条进一步重申了两种情况下，对有关证据应当予以排除：一是经法庭审理，确认存在本规定所规定的以非法方法收集证据情形的；二是法庭根据相关线索或者材料对证据收集的合法性有疑问，而人民检察院未提供证据或者提供的证据不能证明证据收集的合法性，不能排除存在本规定所规定的以非法方法收集证据情形的。即将

"排除合理怀疑"作为对证据收集合法性的证明标准。《规定》还要求，对依法予以排除的证据不得宣读、质证，不得作为判决的根据。

《规定》第三十五条明确了排除非法证据后案件的处理结果。非法证据排除规则解决的是特定证据的证据能力问题，排除非法证据并不意味着案件一定要宣告无罪，案件最终如何处理还要取决于其他证据是否确实、充分。因此，排除非法证据后，案件的处理分为三种情形：一是排除非法证据后，案件事实清楚，证据确实、充分，依据法律认定被告人有罪的，应当作出有罪判决；二是排除非法证据后，证据不足，不能认定被告人有罪的，应当作出证据不足，指控的犯罪不能成立的无罪判决；三是排除非法证据后，案件部分事实清楚，证据确实、充分的，依法认定该部分事实。

法庭对证据收集合法性的审查、调查结论和理由，是控辩双方了解裁判理由并据此决定是否提出抗诉、上诉的根据。在裁判文书中写明对证据资格审查和处理的结果和理由，是裁判文书释法说理的内在要求。但是，在实践中，很多法院在对排除非法证据的申请进行审查和对证据收集的合法性进行调查后，审查、调查结论及理由没有在裁判文书中得到体现。为了增强裁判文书的说理性，《规定》第三十六条要求，人民法院对证据收集合法性的审查、调查结论，应当在裁判文书中写明，并说明理由。

（十）完善二审程序中对证据收集合法性的调查和处理程序

《规定》第三十八条第一款规定，人民检察院、被告人及其法定代理人提出抗诉、上诉，对第一审人民法院有关证据收集合法性的审查、调查结论提出异议的，第二审人民法院应当审查。《规定》第三十九条规定，第二审人民法院对证据收集合法性的调查，参照第一审程序的规定。

根据我国刑事诉讼法的规定，在审前程序和第一审程序中，被告人及其辩护人均有权申请排除非法证据，人民法院向被告人及其辩护人送达起诉书副本时，也已告知其有权申请排除非法证据，如其未提出申请，通常表明其对证据收集的合法性没有异议。一些国家的法律规定，如被告人未在第一审程序中对证据可采性提出过异议，则在二审期间不得再对此提出异议。我国刑事诉讼法虽然没有对被告人在二审期间申请排除非法证据作出限制性规定，但被告人在一审期间未对证据收集合法性提出异议，直到二审才首次提出排除非法证据的申请，不但不利于一审裁判的稳定性，导致司法资源的浪费，还有滥用诉讼程序权利的嫌疑。为了引导和督促被告人及其辩护人在一审开庭前提出排除非法证据的申请，发挥一审程序解决证据收集合法性的功能，除非有特定事由，原则上不应允许在二审程序中提出排除非法证据申请。但是考虑到现阶段刑事案件辩护率较低，大量案件的被告人缺少辩护律师的帮助，在一审期间受取证能力、诉讼权利意识等方面的制约，可能未能按照有关规定及时提出排除非法证据的申请，且在有的案件中，被告人及其辩护人在一审期间未能收集到办案人员非法取证的线索或者材料，如果一概不允许其在二审期间提出申请，可能会损害被告人的诉讼权利。因此，《规定》第三十八条第二款规定，被告人及其辩护人在第一审程序中未申请排除非法证据，在第二审程序中提出申请的，应当说明理由。第二审人民法院应当审查。对于被告人及其辩护人在一审结束后才发现侦查人员非法取证的相关线索或者材料，或者第一审人民法院未能尽到告知诉讼权利的义务等情形，在二审期间提出排除非法证据申请的，为切实维护被告人的合法权益，第二审人民法院应当进行审查。

对于被告人及其辩护人在第一审程序中提出排除非法证据申请的，人民检察院应当积极承担举证责任，以消除证据收集合法性争议。为避免因检察人员在第一审程序中怠于举证，法院依法排除有关证据后，在二审期间又出示相关证据，《规定》第三十八条第三款明确了人民检察院对证据收集合法性的举证时限。即人民检察院在第一审程序中未出示证据证明证据收集的合法性，第一审人民法院依法排除有关证据的，人民检察院在第二审程序中不得出示之前未出示的证据，但在第一审程序后发现的除外。

关于第一审程序中未予审查排除非法证据申请情形的处理，《规定》第四十条第一款明确了第一审人民法院对被告人及其辩护人排除非法证据的申请未予审查，并以有关证据作为定案根据，可能影响公正审判的，第二审人民法院可以裁定撤销原判，发回原审人民法院重新审判。首先，刑事诉讼法第二百二十七条规定了第二审人民法院应当裁定撤销原判，发回原审人民法院重新审判的五种情形，第一审人民

法院对被告人及其辩护人排除非法证据的申请未予审查，属于第五种"其他违反法律规定的诉讼程序，可能影响公正审判的"情形。其次，《规定》明确发回重审的条件是"第一审人民法院对被告人及其辩护人排除非法证据的申请未予审查"而不是未对证据收集合法性进行调查。因为第一审人民法院对被告提出的排除非法证据申请进行审查后，只有对证据收集的合法性有疑问的，才有必要启动调查程序，如对证据收集的合法性没有疑问，且没有新的线索或者材料表明可能存在非法取证的，可以不进行调查。最后，发回重审的案件除应满足前述条件外，还要求第一审人民法院"以有关证据作为定案根据，可能影响公正审判"，如果第一审人民法院对被告人及其辩护人提出的排除非法证据申请没有审查，但未将有关证据作为定案根据，并不影响公正审判，则无须发回重审。

关于第一审程序未予排除非法证据情形的处理，《规定》第四十条第二款明确了第一审人民法院对依法应当排除的非法证据未予排除的，第二审人民法院可以依法排除非法证据。排除非法证据后，原判决认定事实和适用法律正确、量刑适当的，应当裁定驳回上诉或者抗诉，维持原判；原判决认定事实没有错误，但适用法律有错误，或者量刑不当的，应当改判；原判决事实不清楚或者证据不足的，可以裁定撤销原判，发回原审人民法院重新审判。

关于检察官联席会议若干问题的思考

卢杰昌　汪元金　姚文忠*

检察官联席会议是司法责任制改革过程中提出的针对重大疑难复杂案件的一种咨询平台性质的会议机制，它是案件承办检察官在办案过程中为解决承办案件法律适用、证据采信、认定处理等内心确信而提请召开的由本院其他检察官参加会商的会议。当前，在检察实践中如何组织检察官联席会议、完善检察官联席会议程序，并正确界定检察官联席会议与检察长和检察委员会之间的关系，是亟须研究解决的一个重要课题。笔者就此略抒管见，以供参考。

一、关于会议的提请主体问题

从检察官联席会议的界定而言，它是研究重大疑难复杂案件的咨询平台，而司法责任制要求的案件办理主体是检察官，因此，从一般意义而言，检察官联席会议的提请主体应为检察官。由此推之，检察辅助人员和司法行政人员不能成为检察官联席会议的提请主体。

分类管理后的检察官包括检察长和副检察长、专职检察委员会委员以及不担任上述职务的普通检察官。一般而言，所有检察官都可作为检察官联席会议的提请主体。但因检察长职责的特殊性，其一般不作为检察官联席会议的提请主体。同时，本单位检察官联席会议的提请主体是本单位检察官，下级和上级检察机关的检察官不能作为本单位检察官联席会议的提请主体。

二、关于组织召开会议的审批问题

检察官联席会议一般应由3名以上检察官参加，其组织召开的审批程序应根据不同形式的检察官联席会议而区别设定。

一是部门检察官联席会议，即组织同一业务部门检察官参加的会商重大疑难复杂案件的会议。这是检察官联席会议的常态形式，由案件承办检察官提出，在部门内开展，报请部门负责人同意即可组织召开。

二是跨部门检察官联席会议，即组织不同业务部门检察官参加的会商重大疑难复杂案件的会议。目前，相当部分基层检察机关业务部门检察官达不到3名，无法有效组织检察官联席会议，为解决这一问题，组织跨部门检察官联席会议当是必然选择。这种形式是检察官联席会议的补充形式。因属跨部门性质，由案件承办检察官所在部门负责人审批当然不妥，笔者认为，应报请案件承办检察官所在部门的分

---

* 作者单位：湖北省鄂州市人民检察院。

管副检察长审批同意，方可组织召开。

三是副检察长提请召开的检察官联席会议，即副检察长承办具体个案时为决断案件而组织召开的检察官联席会议。这种形式的会议，既可在案件所属部门组织部门检察官联席会议，也可由副检察长组织跨部门检察官联席会议。会议的召开应当由副检察长自己决定，不再履行其他审批程序。

检察实践中，检察官在承办案件时会遇到各种问题，案件中的问题有时通过一次检察官联席会议无法完全解决。那么案件承办检察官就同一案件是否可以多次提请召开检察官联席会议呢？笔者认为，检察官对案件法律适用、证据采信、认定处理等问题是一个不断深入的过程，多次讨论研究对检察官决定的内心确信会大有裨益，而检察官联席会议作为一种咨询会商性质的会议，是为检察官办理案件提供参考意见的，那么检察官多次提请召开检察官联席会议应当是合理并被允许的，只要履行相关报批程序即可。当然，针对同一案件组织召开的检察官联席会议也不宜过多，一般以一至三次为宜，否则便会影响案件办理效率，形成久拖不决现象。

三、关于参会检察官的选择方式问题

检察官联席会议作为一种会议形式，必然涉及参会检察官的范围问题，因此，如何确定参会检察官则必须建立一种选择方式。一种观点认为，应由案件承办检察官决定参会检察官名单；另一种观点认为，应由检察长或受委托的副检察长决定参会检察官名单。上述两种观点各有利弊。结合检察实践，笔者认为，可采取指定邀请和随机选择方式确定参会检察官名单。（1）组织召开部门检察官联席会议，参会检察官可由案件承办检察官提出建议名单，由部门负责人指定检察官参会；（2）组织召开跨部门检察官联席会议，可由案件承办检察官提出建议名单，分管副检察长指定检察官参会，或由分管副检察长安排部门负责人在本院现职检察官中随机选择，确定名单后安排参会；（3）副检察长提请召开检察官联席会议，可采取副检察长自己指定或随机选择方式确定检察官名单并通知参会。

在确定参会人选过程中，还应注意正确处理以下问题：（1）参会检察官规模问题。一般规定为3名以上检察官，上限人数是否设定、如何设定需要权衡。笔者认为应有所限定，不宜扩大至所有检察官参加。考虑到检察长和副检察长对案件承办检察官报批案件的处理具有决定权，同时为了确保检察官联席会议运行效率和咨询意见的广泛性，参会检察官人数一般以3至7名为宜，最高上限应为所在检察机关非领导职务的检察官人数。因此，在指定和随机选择参会检察官人选时，一般应在除检察长、副检察长和检察委员会专职委员之外的检察官中进行选择。（2）检察委员会委员参会问题。检察委员会是检察机关重大问题的最高决策组织，对检察官承办的案件的认定处理具有最终决定权。检察委员会委员是从检察官中选任的，参加检察官联席会议当属应尽之责。但如果召开检察官联席会议时，检察委员会委员都被选择参加会议，则易形成以检察官联席会议代替检察委员会最高决定权的局面，这既有悖于检察官联席会议的制度设计理念，也不利于检察委员会职权的有效行使。为正确处理检察委员会与检察官联席会议的关系，笔者认为，应当限制检察委员会委员作为检察官参加检察官联席会议的人数。为此，在采取指定或随机选择参会检察官时，应规定参加检察官联席会议的检察委员会委员最多不能超过所在检察机关检察委员会委员人数的半数，这样就能基本解决上述问题。

四、关于会议的程序问题

一是会前程序。做好召开检察官联席会议的会前准备工作，包括以下事项：（1）完成召开检察官联席会议的申请审批工作；（2）按照指定和随机选择方式确定参会检察官名单；（3）准备好提交检察官联席会议的相关材料；（4）确定召开检察官联席会议的时间和地点，并通知参会检察官和列席人员按时参加；（5）确定会议主持人，并指定1名检察官助理或书记员担任会议记录人员。一般情况下，部门检察官联席会议由部门负责人主持，跨部门检察官联席会议和副检察长提请召开的检察官联席会议由副检察长主持。

二是会中程序。检察官联席会议在主持人主持下，一般按以下程序依次进行：（1）案件承办检察官报告提交讨论案件的基本情况和需要提请咨询会商的问题，并就问题提出个人意见；（2）参会检察官就相关问题进行提问并展开讨论；（3）参会检察官按照先由非案件承办检察官依次发言，再由案件承办检察官发言的顺序，逐一发表个人意见；（4）会议主持人作

会议总结并主持意见表决；（5）会议记录人员制作会议决议会签表，由参会检察官会签后交案件承办检察官附卷备查。会中，主持会议的副检察长一般不发表意见，列席人员虽可发表意见但不作为形成会议意见的依据。

三是会后程序。案件承办检察官根据检察官联席会议形成的咨询会商意见，进一步对案件进行审查并形成内心确信，从而作出正确决定，并按程序报请检察长或检察委员会决定。

五、其他问题

一是专业检察官联席会议的问题。在司法体制改革过程中，审判机关提出了建立专业法官会议制度。笔者认为，检察机关在目前推行的检察官联席会议制度基础上，也当在刑事检察领域、民事行政检察领域、刑事诉讼监督领域等相应地建立并完善专业检察官联席会议制度，用以解决上述领域的重大疑难复杂问题，更好地发挥专业人才的参谋咨询作用。

二是参会检察官的责任问题。参会检察官在发表个人意见时，应坚持以事实为根据、以法律为准绳，本着检察职业道德和个人良知，就所讨论问题负责任地提出自己的观点，不应受案外因素影响而违心表达意见，误导案件承办检察官作出错误判断。当然，就检察官联席会议的咨询会商性质而言，非案件承办检察官的意见，无论对错、无论是否被案件承办检察官、检察长或检察委员会接受和采纳，都不应被追责。

"双重改革"视野下检察机关司法警察职能的转型发展与路径创新

——以协助实施调查权、侦查权为视角

胡宇翔　吴晓阳[*]

当前，国家监察体制改革已进入顶层规划设计和基层试点探索的全新阶段。面对检察监督职能转型发展的新使命、新挑战，我们既要坚守宪法定位和司法使命，深耕监督主业，以强化刑事诉讼监督为核心着力点，积极探索"以证据为核心"的司法审查机制和"以调查为引导"的诉讼监督机制，提升检察监督质效权威，同时又要以司法体制改革为契机，深化检察改革，科学配置员额检察官与包括司法警察在内的检察辅助人员的职责权限，创新内部工作机制，形成有助于促进法律监督倍增效应的整体合力。为此，我们以司法警察深度融入刑事诉讼监督体系为切入点，以协助实施调查权、侦查权[①]为视角，对推动司法警察职能全面转型进行深入思考，以期抛砖引玉，有所裨益。

一、问题与反思：司法警察"司法性"不足之殇

作为检察机关唯一的武装力量，司法警察在维护办案秩序、确保办案安全、服务检察办案、保障检察工作顺利进行等方面发挥着重要作用。但囿于历史原因和职能所限，当前司法警察工作在实践中普遍反映出履职内容不全面、职责边界不清晰、警务执法不规范等诸多问题，成为制约检察事业向更高水平发展的一大短板。同时，由于当前各级检察机关对司法警察"司法属性"的认识和研究相对不足，导致司法警察工作普遍仍局限于安全保障、法律文书送达等技术含量较低的事务性工作，如何更深度参与司法办案，更全面融入检察业务全局并体现应有价值，仍存在很大的探索和提升空间。

在新一轮司法体制改革进程中，司法警察

---

* 作者单位：浙江省东阳市人民检察院。

① 本文的调查权是指法律监督调查权。法律监督调查权是检察机关行使法律监督职能的基础，检察机关或检察官在行使职权时具有调查职责，被包括《联合国关于检察官作用的准则》在内的国际法所普遍认可。从我国立法与司法实践看，修改后的刑事诉讼法和民事诉讼法部分规定了检察机关在诉讼程序中进行相应调查核实的权力，如侦查监督、公诉部门对非法证据的调查核实，侦查监督部门对立案监督的调查核实，民事行政检察部门对涉嫌虚假诉讼的调查核实等。本文的侦查权是指检察机关在刑事诉讼中所拥有的自行补充侦查权。

将以检察辅助人员的角色履行职责、开展工作，更需要全面突出司法警察的司法属性。同时在全面深化监察体制改革背景下，随着检察监督职能的回归与转型，必然也对司法警察履职方向、履职重点的深度转型以及履职机制、履职方式的改革创新提出新的要求。因此，一方面，要切实把司法警察的工作重点从服务保障自侦办案转移到如何更好地服务司法办案和诉讼监督，从而实现履职"主战场"的战略转移；另一方面，要更加注重把司法警察工作全面融入刑事诉讼监督体系当中并发挥特定价值，以点带面联动促进队伍职业化的战术转型。

二、回归与转型：司法警察全面融入刑事诉讼监督体系

随着监察体制改革的全面推进，司法警察职能如何调整转型并全面回归到服务检察监督主业中去，关系到数万司法警察队伍的发展方向与未来。而刑事司法和诉讼监督是检察工作最核心的主业，也决定了刑事诉讼监督在检察监督体系中的特殊地位。因此，如何推动司法警察深度参与融入刑事诉讼监督体系，是摆在我们面前迫切需要思考解决的重大课题。

（一）全局视野层面：提升刑事诉讼监督刚性权威的紧迫性

囿于法律规定不详尽、监督渠道不顺畅、程序保障不充分等诸多因素，检察机关在司法实践中经常面临司法困境和现实尴尬。如在立案监督、退回补充侦查及追捕追诉环节，普遍反映出因公安机关不配合、不作为而产生"立而不侦""退而不查"等突出问题，同时对于侦查不力、消极怠侦等情形，尚缺乏刚性有力的

监督依据、制约手段和追责措施，导致检察监督效能被弱化、监督权威性和公信力不足，给检察工作长远发展造成了负面影响。从自身层面反向审视剖析：一是对刑事诉讼监督规律的长期忽视，表现为诉讼职能与监督职能不做分离、诉讼程序与监督程序合二为一、诉讼部门与监督部门混为一体、追诉角色与监督角色集于一身；二是对自身拥有的调查核实、补充侦查等刚性权力重视不足、适用不力，存在过度依赖公安机关侦查权的不良趋向；三是检察人员动辄"一退了之"的现象仍较为普遍，敢于较真、主动作为并积极促成监督事项成案的意识亟待增强；四是刑事检察部门检察人员办案精力、素质能力等方面尚有欠缺，实质化开展调查、侦查工作确实存在困难。

（二）技术视角层面：司法警察协助实施调查取证的现实必要性

以往由于职务犯罪侦查权的特殊性，根据"看审分离""检警分离"要求，司法警察主要负责安全防范和警务保障职责，在参与侦查办案的广度深度上受到诸多限制，由此造成实践中在刑事诉讼程序中的相关职能也同步受到了严重限制，导致当前司法警察在参与刑事司法和诉讼监督领域存在重大的职能空白。面对未来形势发展和职能深化的客观需要，继续将司法警察职能限定在安全事务和执行事务上，将会浪费司法资源、弱化办案合力。有必要进一步强化司法警察在司法办案和检察监督中的参与程度。我们认为，凡属于事务性、强制性的调查和侦查措施，均可交由司法警察负责具体实施，包括勘验、检查、搜查、查询、追捕追逃以及调取查封扣押相关证据。特别是在证据

收集方面，有必要明确赋予司法警察参与收集物证、书证、视听资料等实物证据职能。一方面，该类证据具有相对客观、固定的属性，受到人为因素影响程度较小；另一方面，司法警察须在检察官的指挥下参与调查和侦查活动，收集证据由检察官决策、启动，收集的证据由检察官审查把关后再予以固定，故证据的证据能力、证明力等方面不存在障碍。而对于证人证言、被害人陈述、犯罪嫌疑人供述等言词证据的收集，根据刑事诉讼法第五十条的相关规定以及司法警察作为检察辅助人员的改革定位，并不应把司法警察排除在收集包括言词证据在内的证据体系的合法性主体范围之外。

（三）发展眼光层面：推进司法警察队伍职业化转型的长远发展需要

随着"双重改革"的推进落地，司法警察作为一支在侦查方面具有相当工作经历和业务经验的队伍，亟须就如何拓展警务职能、参与诉讼监督进行重点突破，为检察监督的转型发展作出有益探索。同时，面对我院这样司法警察队伍力量相对较强的单位[①]，考虑到当前刑事检察部门办案数量、时限、精力以及年龄性别结构、案多人少等因素，更有必要将其充分利用起来，通过积极履行以协助调查取证为重点的司法辅助职能，破解案多人少矛盾，补齐诉讼监督短板，全面融入以刑事诉讼监督为核心的检察监督体系中去，切实发挥这支队伍的能动性和战斗力。同时，通过在刑事诉讼监督中的实践探索、经验积累和业务提升，司法警察还可以更有效地拓展延伸履职空间并发挥应有价值、彰显应有地位。如在民事检察监督中，对涉嫌虚假诉讼、审判执行人员违法等情形，协助检察官实施调查，促成监督线索成案；在行政检察监督中，对行政不作为、乱作为、怠于履行监管职责等情形开展调查取证，夯实事实证据基础。尤其是对经调查核实发现相关国家工作人员可能涉嫌职务犯罪的，未来可依法律规定及时向监察委员会移送犯罪线索，从而进一步提升检察监督的刚性权威。

三、路径与创新：司法警察深度参与调查、侦查工作

推动司法警察全面融入刑事诉讼监督体系，最核心的切入点和着力点就是充分发挥其协助调查取证等职能，更有效地参与到法律监督调查与自行补充侦查程序中去，通过建立重大典型监督事项"案件化"办理模式，设立专业化办案组织，在检察官决策指挥下由司法警察全面开展调查取证、追捕追逃等办案辅助性工作，推动立案监督、自行补充侦查、追捕追诉等刚性监督权力的实质化和实效化。

（一）科学建构工作机制

一是完善专业化监督模式。其核心是顺应重大监督事项"案件化"办理模式新要求，积极探索构建科学规范的法律监督调查程序[②]和

---

① 我院现有正式在编司法警察 9 名、聘任制辅警 3 名，平均年龄 29 岁，全部具有大学本科学历，且均具有参与、辅助自侦办案的工作经历。

② 如湖北省检察院于 2008 年制定出台《湖北省检察机关刑事诉讼法律监督调查办法》，对刑事诉讼法律监督程序进行了有益探索。

自行补充侦查程序，推动监督模式从被动监督、事后监督向主动监督、同步监督转变，监督手段从单一化、形式化向复合化、实质化转变，最大限度确保诉讼监督的客观性、合法性和权威性，由此全面构建新型侦检关系，在以审判为中心的诉讼制度改革中突出彰显检察机关的审前主导地位。

二是加大机构改革力度。根据诉讼职能与监督职能适度分离要求，设立专门的刑事诉讼监督部门，将原先分散行使的立案监督、侦查活动监督、刑事审判监督和刑事执行监督等职能优化整合、专责行使，从而形成集中统一、高效顺畅的刑事诉讼监督机制。

三是规范诉讼监督程序。刑事诉讼监督之目的重点，在于维护刑事诉讼活动依法公正运行，因此，在诉讼监督程序中应当坚持必要有限与非强制性原则，根据实际需要可以采取查阅案卷、询问证人、讯问犯罪嫌疑人、调取证据材料以及查询、勘验、鉴定等方式，依法规范、全面客观收集证据，但不得对被调查对象采取限制人身自由和财产权利的手段。

（二）推动司法警察科学履职

一是调整完善重点职责。我们认为，新形势下司法警察基本职能主要包括四项：（1）警务保障职能，包括机关大楼安全保障、检察服务大厅秩序维护、群体性突发性事件处置、检察人员出庭保护、安保人员业务管理等；（2）业务辅助职能，包括协助送达相关法律文书和案卷材料，协助提押看管犯罪嫌疑人[1]，协助办理变更强制措施相关手续[2]等司法办案辅助性工作；（3）协助调查、侦查职能，包括根据业务部门履行法律监督需要，协助调取卷宗材料、查询办案信息资料、参与讯问询问、收集扣押证据、追捕在逃人员、参与搜查、参与现场勘验以及协助执行传唤、人身检查等；（4）内部监督职能，包括司法办案区使用管理、监督检察人员依法规范文明办案以及特定案件同步录音录像操作等。

二是探索协助调查机制。只有检察官才具有完整的决策权、指挥权和执行权。作为检察辅助人员，司法警察并不具有完全的办案权限，只能行使协助执行权。司法警察须在检察官指挥授权并出具相关法律文书和协助执行委托书后，方可开展协助调查取证、追捕追逃、执行强制措施等工作，且执行任务时不得少于2人。特别是司法警察在开展调查谈话时，须有员额检察官或检察官助理的共同参与，不得单独讯问犯罪嫌疑人或询问证人及其他相关人员。

三是创新分工协作机制。一方面，在坚持编队管理基础上，根据"组织上统一建制，管理上集中归口，使用上灵活调配"原则，对现有派警模式进行改革创新，灵活采取派警方式，确保既强化警务部门管理，又满足办案实际需要，从而实现编队管理、盘活警力与全面履职的有机统一。另一方面，要加强内部监督机制建设，全面落实执警同步录音录像机制，司法警察执行任务必须佩戴执警记录仪，全面记录执法过程并将录音录像刻盘存档，确保重点环节全程留痕。

---

① 包括协助刑事检察部门开展远程视频提审讯问、"诉讼式"公开审查听证等工作。
② 如被羁押犯罪嫌疑人、被告人的换押手续，变更取保候审、监视居住人员的释放手续等。

（三）深化职业能力建设

一是拔高业务素能标准。及时把司法警察岗位素能标准从看管押解、安全防范等常规性层次，更深度地转移到法律法规、办案程序、业务规范、实务操作等核心内容。特别是针对审查逮捕起诉、刑事诉讼监督以及民事行政、刑事执行检察等业务岗位要求，落实开展精细化的培训学习和常态化的考试检验，督促其加强业务学习，增强业务本领，提升履职能力，推动复合型、精英型警务人才建设。

二是创新岗位练兵机制。建立交流学习机制，如有重点地向武警官兵学习擒拿格斗、装备使用等基础技能，向法院司法警察学习提解、押送、执庭、送达法律文书等业务能力。建立顶岗锻炼制度，定期选派人员到公安机关刑事侦查、经济侦查、基层派出所进行交叉岗位、复合任务的全程跟案锻炼，进一步提升传唤抓捕、看管押解、突发事件处置等基本业务能力以及调查取证、固定证据、讯问策略、审讯突破等侦查业务能力，同时也有助于发现公安机关在办案过程中存在的问题瑕疵乃至"陈规陋习"，不断提升司法警察的监督意识和能力。

四、改革与统筹：在立法层面修改完善的思考建议

随着未来监察体制改革的全面铺开，下一步包括宪法、刑事诉讼法、检察院组织法等在内的立法修改已势在必行。对检察机关而言，要充分利用此次修法契机，把一些与宪法定位要求、司法实践要求以及未来发展要求不相适应，且长期严重制约法律监督职能发挥的重点问题，从法律顶层设计上予以厘清并解决落实。从司法警察职能的角度而言，主要有以下几点思考与建议：

（一）对检察院组织法予以修改完善

现行《人民检察院组织法》已逾三十年未随着我国社会政治经济的改革发展而进行修改完善，严重落后于当前社会法治发展现实。以自行补充侦查为例，其甚至未规定检察机关自行补充侦查这一重要的诉讼监督权力。面对"双重改革"的新形势，建议高检院把该法修改作为深入推进诉讼职能和监督职能转型、强化检察监督刚性权威的重要契机和载体，特别是要将法律监督调查以及立案监督、撤案监督、追捕追诉、自行补充侦查等重要职权明确化、法定化、程序化，从而让这些刚性监督职权在司法实践中更具操作性与生命力，发挥更大作用。另外，建议在组织法修改中及时明确司法警察在检察官主导指挥下协助实施执行调查权、侦查权的相关职责，这是涉及司法警察参与调查、侦查活动主体合法性的重大问题。

（二）对其他配套制度规范进行修改完善

重点对《人民检察院司法警察条例》《人民检察院司法警察执行职务规则》进行修改。建议参考借鉴法院司法警察在强制执行程序中的参与机制、履职深度和权力配置，赋予司法警察比较完整的协助实施调查权、侦查权职能，并进一步明确调查取证（包括参与讯问、询问、调查谈话）、调取查封扣押证据、执行搜查、实施追逃、执行强制措施等比较具体的实施程序与手段措施。只有在立法上认可司法警察在检察机关调查权和侦查权执行实施环节中的主体身份和职责权限，才能更充分地发挥司法警察队伍的优势与战力，有助于检察监督职能的全面发挥与权威刚性，更好地服务于检察事业长远发展。

司法改革背景下控告检察部门司法属性再认识

韩建霞*

曹建明检察长在 2016 年 7 月召开的第十四次全国检察工作会议上首次提出，"要以深化司法体制改革为契机，以维护社会公平正义和司法公正为目标，完善检察监督体系、提高检察监督能力"。检察监督体系作为司法改革背景下的新概念，被历史性载入"十三五"时期检察工作蓝图。其中，在构成检察监督体系的几大干系里，控告申诉检察赫然在列，且已被提到与刑事检察、民事检察、行政检察和职务犯罪侦查预防同等重要的位置。显然，在当前司法改革背景下，深入探讨控告检察部门司法属性及相关工作的专业化、规范化运作，对建立符合司法化要求的控告检察办案组织，明确控告申诉检察官办案职责，调整完善控告检察组织体系的内外部关系与格局，着力维护群众合法权益、服务社会稳定大局意义重大。

一、司法改革背景下控告检察权的法律定位探析

（一）控告检察职权的法理分析

自 1978 年检察机关恢复重建以来，检察机关法律监督职能的重心总体上始终聚焦在打击犯罪、偏重于保护国家利益、刑事法律监督、职务犯罪监督等方面，在管理方式上还带有浓厚的行政化、准军事化色彩，尚未创立符合检察工作规律的运行机制。[①] 造成这种现象的原因除了受中国传统文化这一重要因素影响之外，还受包括对控告检察职权在内的检察权的固有认识的影响。以刑事诉讼活动为例，控告检察不像公诉那样以国家公诉人的立场追究犯罪，而是被动接受公民（法人）对侵害人身权利、财产权利、职务活动廉洁性的犯罪的控告、举报或自首，正如西方法谚"无控诉即无法官"，虽然具有启动诉讼的价值，但是否正当有待后续程序予以检验，其程序性意义高于实体性意义。

控告检察不像侦查监督、公诉那样把对公安机关的侦查活动、法院的审判活动的法律监督贯穿于批准逮捕、提起公诉和出庭支持公诉过程中，而是在终局性的处理决定或生效裁判作出后的事后监督，尽管在本质上都是国家法律监督权的表现形式，但相较其他检察权具有从属性。就申诉审查、国家赔偿和司法救助等职能来说，控告检察既要依法担当正当权利的

---

* 作者单位：上海市闵行区人民检察院。
① 卓黎黎：《当前中国检察管理模式创新面临的困境分析——基于检察权司法属性的实现》，载《黑龙江社会科学》2013 年第 6 期。

庇护者，审慎对待申请人提供的证据材料，又应当对原判决或裁定的事实和适用法律进行全面复查，不受申诉或申请理由的限制，集权利救济与防冤纠错于一体，综合体现对权利的司法保障、对权力的司法监督等法律价值，相较于其他检察权更具中立性、客观性和公正性。

（二）深化改革背景下控告检察司法属性及职能反思

改革是一项系统工程，必须统筹兼顾，要实现各项司法改革目标任务的精准落地，包括控告检察权在内的各项检察权的法律定位是本轮司法改革必须明确的首要问题。检察机关的法律监督性质是宪法规定的，独立性是检察制度的核心要素。实践中，刑事检察、民事行政检察和控告检察既作为一个整体进行法律监督活动，又有各自的内在规律和运行特点。控告检察部门作为检察机关的内设机构，其职权属性必然依附于一般观念上对于检察权的认识，换言之，假如将广义的司法权界定为包括由法院执掌的裁判权以及由检察机关执掌的法律监督权，那么控告检察部门所拥有的职权也必然是这种司法权的组成，司法属性是其题中应有之义。

正如曹建明检察长指出，控告申诉检察集信访、举报、纠错、赔偿、救助于一体，是检察机关依靠群众实施法律监督的重要体现，也是具有中国特色的检察职能。伴随司法体制改革的深化，控告检察权在检察监督体系中的重要地位凸显，但仅基于法理来评判其司法属性的核心主导地位，尚缺乏充足的论据。一个现实的考虑是，我国检察机关的角色定位以及检察机关内部组织结构的设置均不同于西方国家的检察机关，故而，对控告检察权及地位的认识就不能简单地套用西方法治理论，而必须结合中国现有的司法环境以及检察权运作，从实然和应然的角度对其权属性质进行分析和重构。

二、控告检察的基本任务、职能特点和工作实践的再认识

（一）控告检察的基本任务

检察机关控告检察部门作为联系群众、服务中心的窗口部门，一般通过信访、举报等检察途径处置报案人、控告人、举报人和申诉人等的诉求，这些诉求根据其具体内容大致可以分为举报反映类和申诉求决类。以笔者所在的基层检察院为例，已经完成信、访、网、电及信访接待窗口"4+1"综合平台的升级改造，专人负责管理群众来信、来访、来电和邮件信息，集成了举报、信访和申诉等专门数据库，除集体访外，一般根据来访者的不同，实行"一人一表"，由负责接待的检察官对其诉求进行认真审核，提出处理意见后报部门负责人或分管检察长书面审批。对内，实行严格的首办责任制，凡属于检察机关处置环节的涉检事项，依法导入相应的检察职能部门办理。对外，严格执行诉访分离制度，通过与同级党委（政府）信访信息工作平台的互联互通，分别实现与公安、法院，以及与街道（镇）信访部门的对接、会商和联处，将非涉法涉诉的"访"类事项有序移送相关单位，确保矛盾出口畅通。

（二）三大诉讼法及其诉讼监督规则对控告检察权的强化

根据修改后的刑事诉讼法、民事诉讼法、行政诉讼法及其诉讼监督规则的配套规定，基层检察院的业务受理范围日益扩大，尤其是 2012 年刑

事诉讼法明确了辩护人、诉讼代理人对公安机关、检察院、法院及其工作人员阻碍其依法行使刑事诉讼权利的申诉、当事人等对司法机关及其工作人员办理刑事案件中违法行为的控告等新增业务职能，控告检察权在诉讼程序上进一步明确。有论者如是总结三大诉讼法及其诉讼监督规则实施后控告检察工作呈现出的三个新趋势：一是基于刑事诉讼法第四十七条、第一百一十五条的规定，控告检察部门受案范围由封闭趋向开放，受案范围进一步扩大；二是案件类型由以刑事案件为主转向民刑并重，涉检信访案件的息诉罢访难度加大；三是控告检察部门的工作职责由转送趋向办理，对控告检察工作的要求更高。①

（三）实践对控告检察行政化与司法化的廓清

最高人民检察院涉法涉诉改革意见及其《人民检察院受理控告申诉依法导入法律程序实施办法》（以下简称《实施办法》）等配套文件的出台，更加强调控告检察权的去行政化，厘清一般信访与涉检信访、诉讼监督与法律监督的关系，上海、山东等地检察机关关于第三方介入和律师代理涉检信访的探索实践切中公开、中立的司法要义。一是确立诉访分离制度。《实施办法》第六条明确规定："对不涉及民商事、行政、刑事等诉讼权利救济的普通信访事项，根据'属地管理、分级负责，谁主管、谁负责'原则，人民检察院控告检察部门应当告知控告人、申诉人向主管机关反映，或者将控告、申诉材料转送主管机关并告知控告人、申诉人，同时做好解释说明和

教育疏导工作。"对检察机关已经作出处理决定的信访，可以经公开听证后予以终结，避免缠诉缠访。二是明确导入控告检察程序的事项范围。《实施办法》分别对涉及民商事、行政、刑事等诉讼权利救济，依法可以通过法律程序解决的控告、申诉，分别依据公安机关、法院、检察院等处置管辖机关的不同进行了明确。其中，检察院管辖的控告、申诉分为两大类，即涉检事项和诉讼监督事项。除反映检察院违法违规办案或者检察人员违法违纪由纪检监察部门受理外，对不服检察院刑事处理决定的，反映检察院在处理群众举报线索中久拖不决、未查处、未答复的，检察院为赔偿义务机关，请求检察院进行国家赔偿的，由控告检察部门受理审查。同时，对诉讼监督事项，除不服公安机关刑事处理决定及反映公安机关侦查活动有违法情况分别由侦查监督部门和社区检察室审查外，对不服法院刑事生效判决、裁定以及法院赔偿委员会作出的国家赔偿决定，反映审判人员在审判程序中存在违法行为的诉讼监督事项，依法由控告检察部门审查办理。三是健全公开审查工作机制。公开审查工作机制由刑事申诉案件审查向其他诉讼监督事项和涉检信访扩大应用，公开听证、公开论证和公开答复成为控告检察工作新常态。以律师、法学专家、人大代表、政协委员等第三方社会力量为主体的多元化化解信访矛盾机制逐步完善，扩大第三方参与矛盾化解的渠道，搭建案件评查、听证评议等工作平台，司法民主化、社会化程度进一步增强，办案效果进一步提升。将合议制引入重大疑难涉检事项的审查处理，建立实行《领导干部接

---

① 参见段志凌、龙婧婧：《刑诉法实施后控告检察工作呈现新趋向》，载《检察日报》2013 年 1 月 6 日。

待群众来访工作制度》《检察委员会审议重大疑难涉检信访案件办法》，改变了由控告检察部门提出处理意见、分管检察长书面审批的做法，对符合规定的信访案件提请检察委员会审议，发挥检察委员会的业务骨干集聚优势，民主审议解决涉检信访，以公开促公正、赢公信。

三、控告检察部门强化司法属性的现实需要与路径选择

（一）控告检察部门强化司法属性的现实需要

1. 涉法涉诉信访案件存在难点。一是罢访难。由于信访制度功能的不当扩张，加深了信访人"信访不信法""上诉不如上访"的错误观念，导致原本能通过行政途径解决的问题矛盾升级、挤占控告申诉渠道，存在接待难、处理难、答复难，耗费了大量检察资源。二是终结难。一方面，信访人在"人越多越能形成压力、言越重越能引起重视、官越大越能解决问题"错误思想的驱使下，纠集利益群体抱团信访，增加了化解难度；另一方面，对本已穷尽法律手段的信访矛盾，信访人仍以不服为由，拒不接受终结决定，反复申诉控告、缠访缠诉，"终而不结"现象屡有发生。

2. 控告检察业务规范化的要求。控告检察业务面宽量大、时限跨度长，缺乏统一立法，日常工作中因法律规范的缺失和认识上的出入难免互相龃龉。近年来，全国检察机关自上而下以深入推进涉法涉诉信访改革为主线，不断推动涉法涉诉信访导入司法程序、依法终结以及执法错误纠正等多项工作，规范司法的机制正在逐步完善。2015 年，最高人民检察院制定下发人民检察院文明接待室评比标准

及评比办法，立足控告检察基本职能，提出了包括信访接待处理、举报、办案、接待场所建设、信息化以及队伍建设等在内的八个方面的标准和要求，进一步明确了控告检察业务规范化体系的评价标准，使控告检察业务更加有章可循。

（二）控告检察部门强化司法属性的路径选择

1. 完善司法化运作程序。在突出检察官办案主体地位的前提下，应当科学划分分管副检察长、部门负责人、检察官和检察官助理的职责权限，形成确保司法公正的控告检察运行机制。一是凸显控告检察业务性质，杜绝彻底放权。信访工作是控告检察业务的主体，申诉复查、国家赔偿和司法救助等职能是辅助信访稳控、提升接待效果、保障社会稳定的手段，对涉法涉诉信访工作既不能简单放权，更不能彻底放权。一般在受理登记、审核分流、举报初核、案件调查或中止复查、延长办案期限等实体和程序处置上可以下放权限，由检察官直接作出处理决定。二是突出举报和申诉办案重点，取消部门负责人审核环节。按照检察长授权原则，检察官对要案线索的受理分流、自侦部门初查不立案的审查处理意见、奖励举报有功人员等事项可以直报检察长决定；对刑事申诉作出的立案或不立案复查的决定、公开审查案件的决定，以及作出的赔偿案件不立案或赔偿意见的决定等，可以直报检察长，取消部门负责人审核环节。三是构建"全覆盖"公开化程序制度，提高司法公信力。在处理涉法涉诉信访案件过程中，消解信访矛盾、避免信访人"合理怀疑"的关键在于保持控告检察部门的中立性，在《人民检察院刑事诉讼规则（试行）》

《人民检察院举报工作规定》中都涉及控告检察部门配合办案部门联合释法说理和共同答复的规定，而控告申诉检察官释法说理的对象是办案部门作出的审查处理意见，存在"说服者"与"监督者"角色上的两难。因此，应建立与控告检察相称的司法公开工作机制，按照"宜公开，尽公开"原则，除法律特别规定外，做到公开审查全覆盖，提高办案透明度，防止因申诉人与原案承办人、复查承办人之间信息不对称或传递不及时而无端缠诉，增加司法成本，损害检察机关的司法公信力。

2. 建立司法监督配套机制。强化控告检察部门的内部监督职能，把办案工作作为破解当前信访工作困局的关键。一是依法监督。依法履行法律赋予的内部监督制约权，进一步畅通刑事申诉、民事行政申诉、国家赔偿等案件的受理渠道，使符合条件的案件导入程序，严格规范办案，履行法律监督职能，该纠的要纠，该按审判监督程序抗诉的要依法抗诉，维护当事人的合法权益。二是规范监督。坚持以法治思维和法治方式处理涉法涉诉信访，坚持中立地位，保障公开性以及处理的规范性，依法合规办理涉法涉诉信访案件，提升解决群众合理诉求、维护群众合理权益的水平。引导当事人在法治框架内解决诉求，切实强化诉访分离、程序导入、案件办理、终结退出、责任追究等程序性制度的配套执行。增强人权保障意识，在个案审查工作中注重听取当事人和律师意见，在类案监督中坚守法治的生命线，逐步健全和落实有效防范、及时纠正冤错案件机制。

未成年犯减刑、假释、暂予监外执行实证研究

李 娜*

最高人民法院先后颁布的《关于办理减刑、假释案件具体应用法律若干问题的规定》（以下简称"法释〔2012〕2号"）、《关于办理减刑、假释案件具体应用法律的规定》（以下简称"法释〔2016〕23号"），均明确规定了未成年犯减刑、假释可以依法适当从宽。"两高两部一委"颁布的《暂予监外执行规定》（司发通〔2014〕112号），明确规定未成年犯暂予监外执行可以适度从宽。近期，笔者对C市某派出检察院派驻检察的H省未成年犯管教所2014—2016年未成年犯减刑、假释、暂予监外执行情况进行了调研，分析总结其特点，并从加强检察监督的视角提出建议，以期对落实未成年犯的减刑、假释、暂予监外执行的特殊制度有所助益。

一、未成年犯减刑、假释、暂予监外执行的基本情况

（一）减刑的基本情况

减刑是一种刑罚激励机制。结合H省未管所2014—2016年未成年犯减刑情况统计，可以发现以下几个特点：（1）单位年度内，H省未管所全部罪犯[①]减刑率较高（2014—2016年分别为30.4%、45.5%、29.6%），平均约为35%，减刑适用普遍化一定程度上存在。（2）单位年度内，未成年犯减刑率（2014—2016年分别为23.0%、37.6%、40.3%）基本低于全部罪犯减刑率，2016年除外。（3）较成年犯而言，未成年犯减刑较慢，实际服刑时间较长。（4）未成年犯减刑中，犯抢劫罪和强奸罪的人数较多，分别为136人、31人，共占全部未成年犯减刑人数的68.2%。（5）获得减刑的未成年犯群体中，原判刑期呈橄榄型结构。原判刑期为二年以下的罪犯人数约占10%，二年以上不满五年的罪犯人数约占59.2%，五年以上不满十年的罪犯人数约占20.6%，十年以上的罪犯人数约占8.8%。

（二）假释的基本情况

根据统计数据可初步得出以下结论：（1）H省未管所假释的整体比例较低（2014—2016年分别为1.9%、1.3%、1.4%），35%左右的减刑率与较低的假释率（平均只有1.6%）形成了鲜明的对比。（2）单位年度内，未成年犯假释率（2014—2016年分别为0.9%、1.7%、1.7%）略高于全部罪犯假释率，2014年除外。（3）原判

---

* 作者单位：湖南省长沙市星城地区人民检察院。
① H省未管所当前押犯结构为：未成年男犯，成年后余刑在两年以下的男犯、女犯。

刑期三年以上的未成年犯较易获得假释。原判刑期三年以上不满五年的未成年犯假释人数占全部未成年犯假释人数的50%，原判刑期三年以下的假释人数为0。（4）犯抢劫罪、强奸罪的未成年犯假释人数占全部未成年犯假释人数的90%。（5）实际服刑时间远超过原判刑期的1/2。未成年犯执行原判刑期70%以上的假释人数为3人，执行原判刑期60%以上的假释人数为7人。

（三）暂予监外执行的基本情况

结合H省未管所未成年犯暂予监外执行的统计，可分析总结出如下特点：（1）2014—2016年，未成年犯暂予监外执行人数为2人，约占全部未成年犯775人的0.3%。（2）该2人均为患严重疾病的保外就医情形。

（四）H省未管所违法违规提请变更执行情形较少

检察机关对刑罚变更执行的法律监督是刑事执行检察的重点。（1）2014—2016年，检察机关纠正该省未管所违法违规提请减刑、假释、暂予监外执行案件数量约为42件。（2）未成年犯提请减刑、假释、暂予监外执行不当案件4件，占总数的比例较低（9.5%），表明未成年犯减刑、假释、暂予监外执行较为严格，违法违规情形较少。

二、未成年犯减刑、假释、暂予监外执行呈现特殊性的原因

（一）未成年犯自身原因

第一，未成年犯身心发育尚不成熟，性格易冲动、行事不计后果，容易违规扣分，不符合减刑假释实质条件。第二，未成年犯大多适应能力较差，文化程度普遍偏低，目前制度设计中的计分考核、自考、投稿等奖励政策，使其较难获得单项行政奖励分。第三，未成年犯大多家庭结构缺乏完整性，假释后生活相对不稳定，监管条件差，重新犯罪风险较大，司法机关办理假释案件后被追责的风险较高，多种因素造成了未成年犯假释率低位运行。第四，未成年犯身体一般较好，除先天性疾病外，鲜有高血压、心脏病、糖尿病等病情，也基本无怀孕、哺乳等暂予监外执行情形，保外就医是暂予监外执行的主要形式。第五，侵财类犯罪、强奸罪是其主要犯罪类型，2014—2016年未成年人犯上述罪名的人数占全部未成年犯人数的68%以上，故获取减刑假释的未成年犯大多为此类罪名。

（二）制度规范的模糊和偏离

第一，未成年犯减刑、假释、暂予监外执行适当从宽的规定较为粗放。法释〔2012〕2号第十九条规定未成年犯减刑、假释可以比照成年犯适当从宽，但是并未规定从宽的条件和标准。法释〔2016〕23号第十九条对从宽的主体和标准进一步细化。在主体方面，对所犯罪行不属于刑法第八十一条第二款规定情形的未成年犯才能适度放宽。在标准方面，放宽的幅度和缩短的时间不得超过相应幅度、时间的三分之一。对于未成年犯是"可以"适当放宽，而非"应当"适当放宽。何种条件下未成年犯"可以"适当放宽，是否合适未成年犯都可以适当放宽，"相应幅度、时间的三分之一"的具体标准如何把握，减刑幅度、起始时间、间隔时间可否同时放宽，均规定不明。《暂予监外执行规定》规定，未成年犯符合该规定第七条第一

款的可以适度从宽，但亦未规定从宽的标准和尺度。第二，短刑犯放宽幅度认定模糊。判决生效后剩余刑期不满二年有期徒刑的罪犯，实践中称之为"短刑犯"。法释〔2012〕2号第六条、法释〔2016〕23号第十六条对短刑犯酌情减刑的条件、实际执行刑期开始起算的时间均规定模糊，难以把握。近年来，原判刑期二年以下的未成年犯数量逐年上升，2016年占全部未成年犯的50%以上。这类罪犯在交付执行时，剩余刑期基本在一年左右。有的不符合起始时间，有的刚好符合但余刑仅一两个月，一般不予提请减刑假释，导致原判刑期为二年以下的未成年犯难以获得减刑，原判刑期三年以下的未成年犯假释数量为0。第三，罪犯计分考核成为刑罚变更执行的主要甚至唯一依据。自司法部1990年出台《关于计分考核奖惩罪犯的规定》以来，实践中，以考核分确定减刑幅度，已成为主要甚至唯一的依据。H省未管所根据其自行制定的考核办法，配置成年犯和未成年犯的减刑幅度，并主要以此作为减刑依据，对罪犯犯罪的性质和具体情节、社会危害程度、原判刑罚等则基本不予考虑。第四，H省高级法院分配给省未管所的减刑比例和其他成年犯监狱相差不大，缺乏对未成年犯的适当倾斜，导致未成年犯减刑比例过低。

（三）制度执行的偏差和异化

第一，未成年犯劳动改造考核并未实现特殊化。第二，未成年犯计分考核制度执行中自由裁量权容易被滥用。实践中，计分考核的实际权力往往基本由监管干警掌握，存在自由裁量权过大和执法尺度不统一的问题，极易出现监管干警违规操作甚至打击报复的情况。如部分监管干警在执法手段的选择上，没有遵守谦抑性原则，可以扣分处理的，故意选择禁闭处理。根据H省未管所规定，被禁闭处罚的罪犯一年六个月内不得呈报减刑假释。第三，根据考核分确定减刑量并未真正落实。H省未管所成年犯考核分达到80分减一年有期徒刑，未成年犯考核分达到72分减一年有期徒刑。普遍而言，未成年犯服刑期较成年犯短，考核分积累不如成年犯多。囿于指标，减刑优先考虑考核分累计较多的成年犯。而未成年犯在服刑期间基本仅一次减刑机会，如错过将服满全刑才能出狱。与成年犯相比，未成年犯在减刑假释方面并无特殊优势。第四，"确有执行、履行能力而不执行、不履行的，在减刑、假释时应当从严掌握"被异化执行。法释〔2012〕2号和法释〔2016〕23号均明确规定了确有执行、履行能力而不执行、不履行的，在减刑、假释时应当从严掌握。根据规定的精神，将缴纳罚金作为减刑条件的是有履行能力而拒不履行财产刑的人员，对于确实因经济困难无力缴纳罚金的人员不能因此被剥夺减刑的机会。但实际操作中异化为：没有履行财产刑判项的，一般不予减刑假释。未成年犯所涉罪名前三项分别为抢劫罪、盗窃罪、故意伤害罪，几乎均涉及民事赔偿或罚金。而未成年犯基本无固定收入和经济来源，家庭经济条件一般也较差，无力代为执行，导致减刑假释比例较低。

三、未成年犯减刑、假释、暂予监外执行检察监督的完善

（一）完善法律制度

当前，刑罚执行的相关规定散见于各类法律法规中，低位阶法规的存在是不容忽视的问

题。司法部《关于计分考核罪犯的规定》仅仅是刑罚执行行政规章，并非司法解释，不应作为具体适用法律问题的解释，也不应作为法院、检察院办理减刑、假释、暂予监外执行案件的主要规范性文件。建议从宏观层面和操作方面，双管齐下解决这一问题。

1. 宏观层面。建议最高人民检察院会同最高人民法院、司法部，联合出台刑罚执行司法解释，适当介入刑罚执行行政法规特别是计分考核办法的制定和出台，以规范刑罚执行的运行。司法解释应进一步细化未成年犯减刑幅度、起始时间和间隔时间适当从宽的规定，梳理上述三项内容的关系，制定具体量化标准。进一步明晰未成年犯暂予监外执行适度从宽的条件和标准。对未成年犯履行财产性判项的情况应当予以适当从宽，减刑、假释、暂予监外执行中应重点考虑未成年犯认罪悔罪的表现。对判决生效后剩余刑期在二年以下的未成年犯，探索适合的减刑假释制度。

2. 操作层面。应当严格和规范对罪犯特别是未成年犯的计分考核，细化未管所行政奖励和刑事奖励政策办法，规范和限制加分项目。根据考核分量化具体减刑量，统一执法尺度，确立合理、科学、规范、公平的未成年犯考核评价体系。建立未成年犯减刑、假释、暂予监外执行快速办理机制。

（二）延伸监督触角

对未成年犯减刑、假释、暂予监外执行监督的节点，应当由被动监督、事后监督向主动监督、同步监督转变，真正把未管所和未成年犯刑罚变更执行各个环节都纳入监督的视野。

1. 严格落实派驻检察制度。坚持定期开启检察官信箱，落实检察官约见、与未成年犯谈话等制度；坚持每月对新收监未成年犯宣读权利义务告知书。经常性深入未成年犯学习、生产、劳动"三大现场"，实地了解未成年犯的监管改造情况。建立未成年犯减刑、假释、暂予监外执行台账。建立未成年危重病犯台账，及时掌握其疾病变化情况。健全对未成年犯计分考核情况的实时考察和全面监督。重点审查未成年犯原始计分考核记录、奖惩记录，及时与日常掌握的情况进行核对，重点审查未管所的奖惩以及有无越权加分、错误加分、加扣分审批表不全、加扣分程序不规范、加扣分计算错误等情况，及时提出纠正意见，并登记备案。

2. 建立提请活动检察监督机制。检察监督介入提请减刑、假释、暂予监外执行阶段。第一，探索未成年犯减刑、假释海选制度。各监区将符合减刑、假释条件的罪犯全部呈报，派驻检察室查阅、审核罪犯原始计分考核表。采取谈心谈话、发放问卷、核实月考核得分等形式，全面了解每个未成年犯遵守监规、接受教育改造情况，清楚其交付执行后的一贯表现。最后由监狱评审委员会会同驻狱检察室进行海选，挑选其中悔罪态度较好、对社会危害不大的罪犯予以最终呈报。第二，落实派驻检察室列席减刑、假释、暂予监外执行评审会制度。根据前期掌握的拟提请减刑、假释、暂予监外执行的未成年犯的情况，发现明显违法违规情形时予以纠正。第三，建立未成年犯个案逐案审查制度。通过查阅未成年犯计分考核原始凭证、消费情况等，重点审查是否存在考核计分不公平、违法违规奖扣分、稿件抄袭、被害人谅解书造假、家庭困难证明材料造假、月消费情况造假等情况。

3. 完善庭审阶段检察监督。第一，加强庭审阶段全程监督。在庭审中充分发表监督意见，形成对提请权和审判权的有效制约。对刑罚执行机关提请活动进行简要说明，梳理审前监督情况。通过行使询问权、举证质证权、程序建议权、检察纠正权等，避免庭审活动形式化，现场监督庭审活动。第二，建立不公开审理制度。减刑假释审理制度是刑事诉讼活动的重要一环，为了对未成年人权利进行特殊保护，对提请呈报减刑、假释时尚未满十八周岁的未成年犯亦应当不公开审理。第三，探索法庭教育制度。法庭教育是寓教于审的重要方式。根据未成年犯身心发育特点，设计不同的法庭教育方案。如对侵财型未成年犯，应当侧重于劳动意识教育；对暴力型未成年犯，应当侧重于思维倾向教育。

4. 完善裁定（决定）阶段检察监督。第一，建立逐案审查制度。实现从以办事为主向以办案为主工作模式的转变。将未成年犯刑罚变更执行作为案件来办理和管理，逐人逐案审查裁定（决定）。重点对未成年犯的减刑幅度、起始时间、实际执行时间、减刑后又假释的间隔时间、假释、暂予监外执行条件、假释考验期、刑期止日等进行细致审查。第二，规范裁定（决定）审查制度。按照《规范化检察室评定标准》的要求，逐案填写裁定（决定）审查表，整理归档并扫描入刑事执行检察子系统，不断提高案件规范化水平。第三，及时纠正不当裁定（决定）。减刑、假释、暂予监外执行裁定（决定）一经送达，立即生效，服刑人员立即出监。审查相关裁定（决定），发现确有错误的，及时向法院提出书面纠正意见，避免未成年犯出监后又被押解回监服刑的情形。

环境资源犯罪治理对策

——基于 H 市 4 年起诉案件的实证分析

陈建华 *

面对当前生态环境日益恶化的严峻形势，如何有效治理环境资源犯罪，是一个亟待解决的重大理论与实践课题。为此，笔者对 H 市检察机 2013—2016 年起诉的环境资源犯罪开展实证研究，以提出犯罪治理的对策建议。

一、环境资源犯罪的发案特点

（一）犯罪总量少，占比低

4 年共起诉环境资源犯罪 109 件 205 人，分别占起诉刑事犯罪总数的 1.88% 和 2.35%，所占比例较低；分别占起诉妨害社会管理秩序犯罪（1422 件 2560 人）总数的 7.67% 和 8.01%，与其他类罪如扰乱公共秩序犯罪（578 件 1187 人）、毒品犯罪（539 件 816 人）相比，所占比例仍然明显偏低。

（二）各年发案量起伏变化不大

4 年年均起诉 27 件 51 人，只有 2015 年明显低于该平均数，其他年份均在该平均数上下波动，说明本罪发案量相对稳定。同时，各年发案量呈不规律起伏变化。2013—2014 年，发案量有较大幅度上升，2015 年急剧下滑后又在 2016 年反弹至 2013 年发案水平。

（三）判处刑罚普遍偏轻

起诉的 205 人中，判处三年以上有期徒刑的仅 10 人，占 4.88%；判处一年以上三年以下有期徒刑的 36 人，占 17.56%；判处一年以下有期徒刑的 27 人，占 13.17%；判处拘役、管制或免予刑事处罚的 29 人，占 14.15%；判处缓刑的 69 人，占 33.66%；单处或同时判处罚金刑的 9 人，占 4.39%。整体来看，本罪的刑事处罚仍然偏轻。

（四）刑事犯罪与职务犯罪交织并发

4 年共立案侦查环保领域职务犯罪 23 件 24 人，占职务犯罪立案案件数和人数的 3.76% 和 3.57%；与所立案侦查的职务犯罪相关联的环境资源犯罪 37 件 76 人，其中多为企业或其经营管理人员，占环境资源犯罪立案案件数和人数的 33.94% 和 37.07%。可见，该市环境资源犯罪与职务犯罪相互交织，案件并发现象较为突出。

（五）通过"两法衔接"监督移送的案件较多

4 年共监督行政执法移送涉嫌环境资源犯罪

---

* 作者单位：湖北省阳新县人民检察院。

案件 79 件 86 人，分别占该罪起诉案件总数的 72.48% 和 41.95%。经调查，监督移送的案件中，有 52 件已受过行政处罚，有的甚至已被行政处罚两次以上，大量本已构罪的案件以行政处罚的形式草草处理。

（六）发案情况受市场行情及辖区生态环境特征影响明显

发案起伏变化受环境资源市场行情影响较为显著，如随着建筑市场对砂石需求的激增，非法采矿犯罪明显增多，从 2013 年的 1 件 2 人逐年上升至 2016 年的 5 件 27 人。同时，发案类型与辖区生态环境特征联系较为紧密，如非法处置固体废弃物罪主要发生在工业生产较为集中的城区，非法占用农用地罪主要发生在用地需求较多的开发区，盗伐、滥伐林木罪主要发生在农村。

二、环境资源犯罪的发案原因

（一）非法牟利是主要动机

本罪具有明显的逐利性特征，非法牟利是犯罪主要动机。起诉的 205 人中，企业或其经营管理人员就有 137 人，占 66.83%。这正好印证了本罪的逐利性特征，最大限度追逐利益符合企业及其经营管理人员"理性经济人"的身份特征。具体而言，其非法牟利的方式体现在两个方面：一是规避应当履行的环境保护责任以降低生产成本，如明知他人没有取得经营许可证仍然委托其处置危险废物；二是直接违法开发利用或擅自扩大范围开发利用环境资源牟利，如未取得危险废物经营许可证而擅自排放、倾倒、处置废物，越界开采许可范围之外的矿产资源，等等。

（二）职务犯罪是重要诱因

负有监管职责的公职人员对企业违法生产经营造成的生态环境破坏不依法监管，反而在收受贿赂后对违法犯罪行为听之任之，是诱发本罪乃至环境污染事故的重要原因。比如，2013 年 H 市检察机关对 6 家企业、14 名被告人以涉嫌污染环境犯罪提起公诉，该案造成 49 名村民砷中毒事故，政府为救治中毒村民支付各类费用 740 余万元，村民集体上访还造成了恶劣的社会影响。调查发现，该案背后的职务犯罪行为是造成事故发生的重要诱因。

（三）治理方法不当是主要原因

我国当前环境资源治理依旧维持着政府单中心的治理模式。[1] 这种模式在 H 市突出体现在两个方面：一是政府主导的运动式治理。由党委领导并集中行政、司法力量开展专项治理行动，在短期内形成震慑效应。比如，2013 年 H 市之所以发案较少，一个重要原因是当时市委组建了包括公检法等单位负责人在内的领导小组和工作专班，采取整治"五小"企业等专项行动的方式，推动环境治理在短期内取得了明显成效。专项行动结束后，2016 年发案量又反弹回 2013 年的水平。二是以行政处罚为前提的行政化治理。环境资源犯罪往往以违反行政法规为构罪条件，有关部门习惯将行政处罚作

① 王婉轶：《论我国地方环境资源治理法治困境的解决之道》，载《甘肃科技》2016 年第 20 期。

为首选的处理办法，"一罚了之"或屡罚不止的情形并不鲜见。H市检察机关通过"两法衔接"监督移送的案件占该类案件总数72.48%的事实足以说明，"以罚代刑"导致大量本已构罪的案件被截留在刑事司法大门之外，行政化治理方式的内在缺陷与效果失灵问题较为突出。

（四）本罪自身存在调查取证难、责任追究难等问题

环境资源犯罪的自身特征也增加了治理难度。比如，本罪发案前往往经历较长潜伏期，大多为数个不同犯罪主体反复施害，并经各种环境要素自身发生内在反应和相互作用之后危害后果才逐渐暴露出来，调查取证与犯罪行为之间存在较长时间差。犯罪行为实施地与危害结果发生地容易发生空间流动和地理位移，也加大了本罪的调查取证特别是因果鉴定、证据认定的难度。同时，行政执法环节收集的证据很多不符合刑事司法要求，加之大量适用行政处罚措施使犯罪行为得到了"漂白"，无疑都增加了查证犯罪和追究刑责的难度。

三、环境资源犯罪的治理对策

（一）加强常态化治理

针对当前生态环境日益恶化的严峻形势，采取专项行动并形成打击犯罪的强大震慑力，是全国各地广泛推行的治理方法。然而，专项行动虽在短期内能够取得一定成效，但从长远来看其效果并不理想，发案总量在短期回落后一般又会迅速反弹甚至超过原有水平。因此，

就环境资源犯罪而言，逐步弱化"运动式"的专项治理而加强常态化治理尤为迫切。具体而言，应根据环境资源犯罪的特征及其发案规律从两个方面进行努力。一方面，自然环境在一定范围内会因其独特的生物、地理等构成要素而形成不同的"生态圈"，在特定"生态圈"内犯罪会呈现趋同现象。H市环境资源犯罪的地域分布情况恰好印证了此发案规律。因此，治理环境资源犯罪不宜以行政区划为界限，而要针对不同特点的"生态圈"，建立跨行政区划的犯罪治理及与之相配套的司法联动和协作机制。从长远来看，应探索设立跨行政区划的人民法院和人民检察院，并将环境资源犯罪案件纳入其管辖范围。另一方面，刑事司法机关之间必须保持对环境资源犯罪治理力度的均衡统一。行政处罚的滥用造成本罪治理成效甚微，使大量本已构罪的案件向治理力度较为薄弱的行政执法环节聚集。在常态化治理中，刑事司法机关必须保持治理力度的横向均衡和统一，防止案件向力度较弱的司法环节或司法区域转移，影响犯罪治理整体成效。

（二）加强专业化治理

在我国犯罪治理实践中，大量"在犯罪门槛之下的'同质'行为却交由行政处罚来规制"，形成一种"刑事司法与行政处罚"并存的特有模式。[①] 这种治理模式导致大量本已构罪的案件被截留在刑事司法大门之外，造成刑责追究的随意性，从内部消解了司法权威。为此，必须加强以司法为主导的专业化治理。具体而

---

① 卢建平、姜瀛：《治理现代化视野下刑事政策重述》，载《社会科学战线》2015年第9期。

言，首先，要更加注重环境行政执法与刑事司法的有效衔接，防止行政处罚措施滥用。特别对涉嫌犯罪应移送司法机关而不移送的，通过移送责任追究的刑事化，加强对行政执法行为的司法监督。对于环境资源犯罪门槛高、处刑低造成的司法治理空间受限问题，则可采用将行政处罚中的社会越轨行为转化为微罪进而纳入刑事司法的办法，既防止"刑罚资源过度消费""刑罚震慑作用递减"，[1] 又适度扩大刑事司法覆盖范围，尽量挤压当前宽泛的行政化治理模式的适用空间。其次，刑事司法的一个重要特征是将证据作为定罪量刑的标尺，考虑到环境资源犯罪证据收集、固定、保存的高度专业性，有必要鼓励和吸收环境检验检测社会组织为犯罪现场的勘验、检查特别是污染物的提取、检测、化验提供专业技术支持。最后，针对环境资源犯罪的专业性特征，有必要建立与之相适应的专业化办案组织。最高人民法院在 2014 年 6 月就已经设立了环境资源审判庭，开始集中推进专门审判机构建设。[2] 天津、河北、山西等省市公安机关早已建立打击环境资源犯罪的省级专业部门。检察机关也应当抓住司法责任制改革的机遇，组建相对固定的专业化办案组或成立专门的生态环境检察机构。

（三）加强犯罪预防治理

"预防犯罪比惩罚犯罪更高明"。对环境资源犯罪而言，加强预防的意义尤为突出。因为环境资源犯罪不仅对生态环境本身的危害极大，还由于环境资源的公共产品属性，其遭受犯罪侵害后难以得到应有的关注，"公地悲哀"问题突出。[3] 刑事司法机关通过犯罪预防措施，将犯罪控制在未然状态，不仅可以避免犯罪对生态环境产生现实危害，而且有利于发挥司法的犯罪治理功能，实现惩罚犯罪到一般预防的转化。H 市环境资源犯罪的发案规律，说明本罪的预防是有章可循的。比如，基于特定的"生态圈"及当地的经济情况，可以找到发案比较集中的犯罪类型；根据环境资源市场行情，可以预知作案动机的强烈程度，从而推导可能的发案类型、作案时间及地域分布。这些都为犯罪预防提供了方向指引。从理论上看，现代社会的犯罪预防更多借助于信息数据的模型分析，使预防更加精准化。如何将"大数据"运用于犯罪预防之中已成为人们关注的热点话题。环境资源犯罪案件在进入刑事司法程序之前大都在行政执法环节受到处理，因此，行政执法环节是提前开展犯罪预测预防的重要切入点。环境行政执法机关不仅能够较早掌握犯罪端倪，为犯罪预防提供线索和指引，而且其收集的大量执法信息可以为建立犯罪预测预防的数据模型奠定坚实基础，关键是要通过信息共享机制，将目前大量"沉睡"的执法信息数据激活并有效利用起来。

（四）加强社会共同治理

生态环境的公共产品属性决定了治理此类犯罪更需要也更能吸引社会各方参与，从而通

① 储槐植：《解构轻刑罪案，推出"微罪"概念》，载《检察日报》2011 年 10 月 13 日。
② 王旭光：《环境资源审判专门化的基本特性与路径方法》，载《人民法院报》2016 年 6 月 22 日。
③ 操宏均、董邦俊：《论国家治理现代化视阈下环境资源犯罪预防之走向》，载《刑法论丛》2015 年第 2 卷。

过国家与社会之间的良性竞争与协同合作最终实现公共利益最大化的"善治"局面。① 需要注意的是，社会共同治理不能仅仅停留在传统的预防阶段，事实上在犯罪发现、查处、刑罚执行等各方面均有较大拓展空间。详言之，在犯罪发现方面，为破解环境资源犯罪难以被及时发现的问题，应鼓励社会组织以其专业仪器设备开展环境状况监测评估并积极举报犯罪。为改变人们对破坏生态环境问题事不关己的态度，还应完善犯罪举报激励机制，加大举报奖励力度。在调查取证方面，环境资源犯罪证据的收集、固定、保存一般都需要相应专业技术支持，单靠刑事司法机关非但力量不足，还可能因专业知识的欠缺而累及证据质量。为此，必须借助社会力量，尤其是具有相关检验、检测、鉴定资格的社会组织，协助刑事司法机关科学提取、收集和固定证据。在刑罚执行方面，就不同的生态环境损害应采取什么恢复措施以及恢复效果如何，听取社会各方意见并纳入刑罚执行评价体系，由法院以裁判的形式给予确定。在学者建议将保安处分措施广泛适用于环境资源犯罪的语境下，② 积极吸收社会力量参与显得更为迫切，因为以剥夺自然人再犯资格与能力为主的保安处分措施能否得到有效实施以及实施效果如何，必须依赖于社区随时、长期、持续的参与和监督。

---

① 俞可平：《治理和善治引论》，载《马克思主义与现实》1999 年第 5 期。
② 参见王运召：《环境犯罪分级惩罚机制与二元制裁体系的对接与协调——基于环境损害程度的"量定"》，载《郑州大学学报（哲学社会科学版）》2016 年第 3 期。

江苏省盐城市查办制毒物品犯罪调查报告

姚　图　武　瑾　王　剑*

随着国内外冰毒、K 粉等新型化学合成毒品的发展蔓延，涉制毒物品相关违法犯罪活动日益猖獗。近期，江苏省盐城市检察院在深入调研 2013 年 7 月至 2017 年 6 月案件办理情况的基础上，针对查办非法制造、买卖、运输制毒物品犯罪（以下简称"制毒物品犯罪"）工作中存在的问题与困难，提出相应的对策建议，以期更好地形成打击合力，有效遏制制毒物品犯罪。

一、查办制毒物品犯罪工作的基本情况及特点

（一）因证据不足不批准逮捕比重较大

当前，《关于办理制毒物品犯罪案件适用法律若干问题的意见》等一系列法律法规和规范性文件陆续出台，不断规范完善涉毒证据体系。4 年来，共审查批准逮捕制毒物品犯罪 34 件 89 人，不批准逮捕 13 件 21 人，占 38.24%，均为因证据不足不批准逮捕。表明司法实务中制毒物品犯罪案件查办工作与法定证据证明标准之间还存在一定差距。

（二）退回补充侦查率较高

4 年来，共受理审查起诉制毒物品犯罪 37 件 115 人，一次退回补充侦查的 27 件，占 72.97%；两次退回补充侦查的 12 件，占 32.43%。除上述证据标准的原因外，还因制毒物品犯罪呈现"两头在外"的特点，即生产在外、交易在外，涉及多地、多人，侦破、取证、固证等工作难度较大，有的还涉及对上线（如生产邻酮）、下线（如制造 K 粉等毒品）的侦查。

（三）重罚案件增多

4 年来，制毒物品犯罪共判决 24 件 62 人，其中，判处五到十年有期徒刑分别为 0 件、2 件 5 人、3 件 8 人、5 件 8 人，呈不断增长趋势，这主要是由于盐城市对制毒物品犯罪的打击力度在不断增强，也从一定程度上反映出制毒物品犯罪活动猖獗，涉案制毒物品的数量更大，犯罪情节更重。

二、查办制毒物品犯罪工作中存在的问题及原因

据不完全统计，东南亚地区近 80% 的 K 粉来源于广东省惠州市，而从惠州市出产的 K 粉中，有很大部分的原料盐酸羟亚胺出自盐城市，犯罪形势较为严峻。一直以来，盐城市从严从

* 作者单位：江苏省盐城市人民检察院。

重打击制毒物品犯罪，但在查办制毒物品犯罪工作中仍存在一些亟待解决的问题。

（一）定罪、证据方面

1. 认定"明知"较多依赖于口供。该罪的主观方面须为"明知"。实践中证明"明知"的证据一般有两种：一是犯罪嫌疑人的供述，二是能够证明其"明知"的间接证据、客观证据。实践中，侦查机关较多地依赖于口供，对客观性证据收集重视不够。但是，犯罪嫌疑人供述不稳定或翻供现象较为普遍，从而影响到对犯罪行为的指控。如盐都区检察院办理的王某等人涉嫌非法买卖制毒物品、制造毒品一案，在侦查阶段，王某供述知道对方购买盐酸羟亚胺是用于制毒，但在审查起诉阶段，王某否认该说法。承办人通过观看讯问录像，发现讯问录像中"明知对方制毒"内容与讯问笔录内容有实质性差异，只能将该讯问笔录予以排除，最终导致王某涉嫌制造毒品罪的事实无法认定。

2. 物证的收集、提取、扣押、称量、鉴定等存在问题较多。因制毒物品犯罪涉案人员多、涉及地域广，被交易的制毒物品不是被转手倒卖就是被用于制成毒品，原始物证的收集较为困难。目前，在侦查阶段对查获制毒物品和毒品作出定性鉴定或者含量分析意见公安机关都能够依照法定程序进行。但是，在对制毒物品的扣押、提取、称重、委托鉴定及上缴等工作中，部分基层办案单位仍然存在现场取证程序不够严格，提取、扣押、称量不规范，提取、检测、称重仪器配备不足，相关专业技术能力不强等问题。尤其是 2016 年 5 月最高人民法院、最高人民检察院、公安部联合出台了《办理毒品犯罪案件毒品提取、扣押、称量、取样和送检程序若干问题的规定》，对毒品的扣押、提取、称重等工作作了详细规定，实践做法和规范化要求之间还存在一定的距离。

3. 技术侦查材料的证据转化率与实践需要存在较大差距。基于制毒物品犯罪案件的特征，公安机关侦破此类案件经常采用技术侦查手段。调查发现，实践中技术侦查信息材料的证据转化率总体不高，普遍存在手续极复杂、周期极长等问题。且目前侦查部门向检察院和法院出具"情况说明"，因无明确司法解释，对其是否具有证据效力、证据效力的高低等问题认识不一。如何将技术侦查手段获取的信息材料转化为证据、如何使提起公诉的案件证据更加充分，是当前打击制毒物品犯罪中一个亟待解决的问题。

（二）量刑、执行方面

1. 缺失统一、明确的量刑规则。实践中，盐酸羟亚胺类制毒物品买卖数量相当惊人，一般生产、买卖起点基本都在 200 公斤以上，甚至高达七八吨之多，且在买卖时均以件（25 公斤／件）为计价单位。而《刑法修正案（九）》第四十一条中关于制毒物品量刑的规定则依情节而定，虽然量刑幅度较之前加重了不少，但是对于涉案盐酸羟亚胺数量与量刑之间如何对应并无具体标准，容易导致打击力度不一，在一定程度上给犯罪分子造成罚金多而量刑轻等认识误区，对实践中制毒物品案件量刑工作造成了不利影响。

2. 财产刑执行较难到位。调查发现，制毒物品案件中公安机关在侦查阶段即以查封、扣押、冻结等方式查获被告人个人财产并被法院判罚的较少。长期以来，公安机关在办理制毒物品犯罪案件中，只注重对明显的赃款、赃物和犯罪工具的冻结、扣押，忽视了对犯罪嫌疑人的个人财产情况进行调查取证和采取必要保全措施，财产刑空判频现。而财产刑执行不到位，意味着犯罪分子即使被科刑，也获得了较大的财产利益，一方面会促使其在条件具备时继续铤而走险，另一方面也为其继续犯罪保存了资金实力。

（三）社会打防体系方面

1. 生产技术相关人员犯罪率较高。2008年8月盐酸羟亚胺被国家管控之前，盐城市盐都、建湖等地的不少化工厂曾合法大量生产盐酸羟亚胺，技术工人保有量较大，技术水平精湛，深受制造K粉犯罪分子的青睐，盐城市成为盐酸羟亚胺类制毒物品犯罪分子的"输出地"。同时，很多人经不住暴利的诱惑而再犯。

2. 犯罪联络活动中使用黑卡的频率很高。调查发现，犯罪行为人反侦查意识较强，在从事违法犯罪活动时经常变换或持有多个手机号码，不少都是从网上购买的未登记真实身份的黑卡，有的甚至一次交易后手机和卡号全换，为侦查机关了解和掌握其真实身份带来了极大的困难。

3. 盐酸羟亚胺的生产制造工艺和程序等内容在互联网上可以轻易获取。调查发现，在互联网上能轻易搜索、查询到盐酸羟亚胺的制造等相关化学知识，且盐酸羟亚胺技术门槛较低，生产工艺简单，对设备要求也不高。实践中一些犯罪行为人通过这种方法掌握盐酸羟亚胺的制作工艺后，即可按照配方购买原料，从而顺利地生产出盐酸羟亚胺。便捷的查询、学习途径，使得犯罪群体扩大成为可能。

三、对策建议

（一）定罪、证据方面

1. 重视收集客观性证据来认定"明知"。对于可以判断为"明知"的情形，最高人民法院、最高人民检察院、公安部联合发布的《办理毒品犯罪案件适用法律若干问题的意见》中规定了八种，最高人民法院印发的《全国部分法院审理毒品犯罪案件工作座谈会纪要》规定了十种。笔者认为，对"明知"的推断必须有足够充分、得到证明的间接客观性证据。侦查机关应当加强能够与言词证据相互印证的其他证据的调查取证工作，如交易的通话记录、交易场所的监控录像、存取款的监控录像、账户资金变动情况等证据，使毒品犯罪在即使缺少关键物证的情况下，也能够通过一系列能够相互印证的证据链条达到有效指控犯罪的目的。

2. 全面提高侦查环节证据价值和证明力。要适应"以审判为中心"的诉讼制度改革，建立以证据审查为核心的工作机制。从侦查角度来看，一方面，要严格办理扣押、搜查、称量及随案移交等手续，规范扣押制毒物品和毒品的封存、保管程序，细化、完善送检程序，减少出具"情况说明"和退回补充侦查情况的发生；另一方面，要及时为基层侦查人员增设必要的侦查设备，确保在查获、扣押制毒物品的第一时间及时进行固定、取证。从检察角度来看，应充分发挥检察机关侦查监督和审查起诉的关口作用，建立完善制毒物品犯罪案件的提前介入、引导侦查机制，促使侦查机关依法合规、全面及时地取证。此外，还可以探索建立侦查人员出庭作证机制，增强证据的证明力。

3．尽快弥补技术侦查材料转化为证据使用的空白。建议尽快出台技术侦查材料相关司法解释或者规范性文件，可以借鉴其他国家的做法，引进司法审查原则，改革技术侦查手段的审批程序使其合法化，避免或减少使用转化证据，提高证据的证明力。在尚未出台相关规定的现行条件下，建议盐城市就技术侦查材料转化为证据使用的程序和方式作探索性的细化规定，进一步规范技术侦查材料的移送、转换、质证、保密等内容，不断完善制毒物品犯罪案件的证据体系。

（二）量刑、执行方面

1．合理设定相关犯罪量刑规则。建议法院借鉴毒品数量对量刑的作用，合理设定量刑规则，细化明确制毒物品犯罪案件中盐酸羟亚胺的数量、含量与定罪量刑之间的折算标准，实现全市范围内的相对统一。建议在检察机关量刑建议提出及法院审判工作中，于法律规定幅度内从严判处，依法从重、加重。此外，在具体的司法、执法过程中，对非法买卖制毒物品罪严格适用缓刑及减刑，以加大对制毒物品相关犯罪的打击力度。

2．探索建立资金跟踪追缴机制。一是侦查阶段提前介入，加大对犯罪嫌疑人的银行账户及其他资产的查询、扣押、冻结力度，加强对大额现金非正常流动的监管，对制毒物品毒资或者犯罪嫌疑人可支配财物数额较大的案件，引导侦查机关重点收集制毒物品犯罪收益方面的证据。二是审查起诉阶段，在审查制毒物品犯罪证据的同时，依法全面审查犯罪嫌疑人犯

罪收益和财产状况方面的证据。三是加强制毒物品案件财产刑执行监督，对罚金及没收财产的生效判决，督促审判机关及时执行；对应当认定为涉案毒资而审判机关未予罚没的，依法及时提出抗诉。2015年建湖县检察院牵头联合县法院、县公安局、县司法局共同出台了《建湖县犯罪案件财产刑执行协作机制》，进一步规范了犯罪案件财产刑执行工作，取得了较好的工作成效。

（三）社会打防体系方面

1．强化对犯罪行为人的管控。及时掌握制毒物品犯罪行为人底数，依托盐城市公安机关的制毒物品重点人员预警管控系统，分层次对关注类、管控类、经营类三种制毒物品重点人员进行逐一排查，全面采集信息，及时纳入"原形库""影子库"，并强化动态跟踪管控。

2．加强对黑卡的管理。建议进一步加强对通信市场的管理，切实堵住电话实名制漏洞，斩断黑卡产业链，尤其是要及时打击、遏制在电信网络上出售黑卡的行为。

3．强化网站主体责任。建议国家有关部门进一步强化网络安全监管，网站、论坛、搜索引擎要做好对不良信息的处理工作，对从易制毒物品中提取毒品的制造工序等相关信息予以及时屏蔽，避免相关信息进一步传播。

（四）办案能力方面

1．健全完善专人、专案组办理机制。由专人、专案组办理制毒物品犯罪案件，做到快侦、快捕、快诉、快判，确保对制毒物品犯罪打击的高压态势。进一步提高侦查人员学习、运用证据规则的能力，提高检察人员和审判人

员审查证据材料、排除非法证据、认定案件事实的能力，全面提高制毒物品犯罪案件办理水平。

2. 加强各机关之间的沟通联系。建立健全信息共享、联席会议、互动培训、座谈讨论等联系机制，及时梳理、总结在定性、证据等方面存在分歧的案件，通过加强沟通，促使公检法司等机关换位思考、统一认识。

3. 提高对涉毒知识的掌握和运用能力。办案人员通过业务培训、学习等形式，一方面，要熟练运用制毒物品涉毒相关法律规定，切实做到对最新法律法规、司法解释和指导性案例等内容的及时了解，如盐城市检察院在调研的基础上编印了《常用毒品犯罪法律规定手册》，供办案人员学习参考；另一方面，要具备相关的基础化学知识，了解受管制的易制毒化学品的名称、合法用途、保存方法和颜色、状态、气味等物理性质。

民事赔偿与限制死刑适用 *

鲍　峰　杨红光　郭晓英　刘光明 **

当今，绝大多数国家已正式宣布废除死刑。尽管我国现实国情决定了死刑的长期存在，但实践中法院对于可能判处死刑的罪犯，在刑罚裁量时通过自首、立功等法定和酌定情节予以调节，以限制和减少死刑适用。其中，作为酌定情节的民事赔偿在死刑二审案件中具有极为重要的意义。本文以 2014 年以来山东省检察院办理的死刑二审改判案件为分析样本，针对现阶段民事赔偿情节在死刑二审案件中存在的问题提出有针对性的意见和建议，以期为民事赔偿在今后死刑限制适用中积累可复制、可推广的制度和司法经验。

一、民事赔偿情节在死刑二审案件中的适用情况及特点

（一）适用情况

实践中，死刑二审改判主要包括以下三类：一是案件事实不清或者证据不足，发回重审后改判或直接改判。二是适用法律有误或者量刑不当，直接改判。三是违反法定程序，发回重审后改判。其中，达成民事赔偿谅解后改判的

案件被纳入量刑不当由二审法院直接改判的情形。统计数据表明，死刑二审改判案件主要集中在：因事实不清或审判程序不合法发回重审后改判的案件，占改判案件总数的 19%；因从犯、检举等法定从轻情节直接改判的案件，占改判案件总数的 27.4%；民事赔偿达成谅解后因量刑过重直接改判的案件，占改判案件总数的 53.6%。通过数据环比我们发现，因民事赔偿达成谅解将死刑立即执行改判为死刑缓期二年执行或无期徒刑的死刑二审案件呈现逐年递增趋势，具体为：2014 年、2015 年和 2016 年因民事赔偿达成谅解而改判的死刑二审案件占当年死刑改判案件总数分别为 45.2%、55.6% 和 60%。民事赔偿情节在死刑二审改判中对于限制死刑适用的作用日益凸显。

（二）特点

1. 民事赔偿金额没有具体考量标准。《最高人民法院关于适用〈中华人民共和国刑事诉讼法〉的解释》第一百五十五条第四款规定：

---

* 本文系山东省人民检察院 2017 年度专题调研和理论研究一般课题"民事赔偿谅解情节对死刑适用的影响"（课题编号：SD2017B02）的部分研究成果。本文所说的民事赔偿，特指死刑案件中被告方向被害方所作的经济赔偿。死刑二审改判案件，特指一审判处死刑立即执行后，被告人上诉，经二审法院审理后直接改判，或者发回重审后由一审法院改判的案件。

** 作者单位：山东省人民检察院。

"附带民事诉讼当事人就民事赔偿问题达成调解、和解协议的，赔偿范围、数额不受第二款、第三款的限制。""上不封顶"民事赔偿规定虽然有利于被害人权利救济的最大化，但因没有具体可供参考的数额或者范围导致相同类型案件的赔偿数额相差甚远。部分被害人接受低额赔偿后，权利无法获得后续救济和保障。近3年来，改判案件中仅4.4%的案件赔偿数额高于100万元，其余案件民事赔偿数额均低于40万元，最少赔偿数额仅9.5万元，赔偿数额与犯罪行为给被害人造成的精神痛苦和生活经济负担难以相当，给社会发展埋下了新的隐患。诚然，因客观存在的地域和经济差异，不同赔偿主体之间赔偿额存在一定差距是正常的，但如果不做适当指导或参考，则会导致出现有的被害人近亲属"漫天要价"，有的被告人近亲属限于自身经济条件倾家荡产，还有的被告人近亲属则因"财大气粗""花钱买命"等种种负面现象，进而影响司法公信力和权威。

2. 民事赔偿仍以传统型犯罪为主。2016年1月最高人民法院出台的《关于审理抢劫刑事案件适用法律若干问题的指导意见》规定，"要妥善处理抢劫案件附带民事赔偿工作。审理抢劫刑事案件，一般情况下人民法院不主动开展附带民事调解工作"。基于上述规定，法院对于死刑二审案件中严重暴力犯罪一般不会积极主动进行民事赔偿调解。虽然我国刑法分则规定的罪名有400多个，但在死刑二审案件中因民事赔偿达成谅解而直接改判的仅有故意杀人罪、抢劫罪、危害公共安全罪三个罪名，分别占改判案件总数的64.4%、11.1%、2.2%。此外，贩卖毒品案件占改判案件总数的22.3%，但其不存在民事赔偿问题，从轻量刑多基于从犯或立功等情节。

3. 案件起因以婚姻家庭、恋爱等民事纠纷为主。上述三类案件因民事赔偿达成谅解而改判的理由基本为原判决未认定恋爱纠纷、家庭矛盾以及审判时怀孕等情形从而导致适用法律错误直接改判，仅1起改判案件因事实不清发回重审后改判。

4. 民事赔偿后被告人不同程度获得谅解，损害的社会关系得到一定程度的修复。虽然个别案件被害人近亲属对于达成和解或谅解，特别是出具书面谅解书存在抵制情绪，害怕被告人因此减轻处罚。但在被告人近亲属诚恳的认错和赔付态度下，民事赔偿后死刑二审案件均改判死缓。有2起案件虽然进行了民事赔偿，但被害人近亲属明确表示不予谅解，改判死缓后法院在裁量时予以限制减刑。

5. 经济欠发达地区民事赔偿后达成谅解的比例高于经济发达地区。从地域来看，经济发达半岛地区的青岛、烟台、威海民事赔偿后死刑二审改判案件数量占总数的26.7%，鲁西南、鲁西北的临沂、济宁、菏泽则占到了51.1%。上述事实表明，经济发展和生活状况在一定程度上影响人们的生活观念，特别是对死刑适用的影响。在经济发达地区被害人近亲属主观上更容易接受被告人的积极认罪悔罪态度，在经济欠发达地区有时则因被害人近亲属家庭较为贫困，不得不通过获得民事赔偿来救济生活困境的现实。

二、民事赔偿情节在死刑二审案件中适用的问题

（一）民事赔偿和被害方诉求演变为二审改判的重要因素

统计数据表明，在案件性质、死亡人数以

及法定从重、从轻、酌定情节相同情况下，法院改判案件中民事赔偿成为主要考量因素，对于没有进行民事赔偿的案件，考虑到被害人近亲属情绪、社会舆论等外界因素的影响，法院一般选择维持原判，除非被害人近亲属对被告人表示充分谅解。对于那些严重危害社会治安、犯罪情节相对比较恶劣、犯罪后果较为严重的案件以及犯罪分子的主观恶性较大、人身危险性较大的案件，如果被告人积极赔偿，取得被害人近亲属谅解，法院也可能会改判。被害人近亲属拒绝接受赔偿，通过向政府以及法院施压，促使作出严厉判决的，法院一般则会选择维持原判。民事赔偿和被害人近亲属诉求在一定程度上绑架了法官的独立客观的司法审判。

（二）民事赔偿达成谅解的案件类型和范围狭窄

实践中，基于婚姻家庭等血缘、姻亲关系而达成谅解的死刑案件较多，对于其他的案件双方因缺乏足够的信任沟通交流纽带，在审判过程中不容易达成和解。而法院对于判处死刑的案件，一般不会积极进行民事调解。一是因为民事赔偿后被告人受到的刑罚惩罚在制度设计上缺乏具体可考量的标准；二是因为在目前错案责任追究日益严格的现状下，法官更需确保案件的有罪判决，而不是量刑的轻重，除非畸轻或畸重。

（三）多数被告人民事赔偿能力较差

大部分严重暴力犯罪中多数被告人对家庭不善于经营，无生活积蓄，不具备赔偿能力，加之关押在看守所，虽然案发后有悔罪表现，

确有赔偿意愿，却往往因无法进行赔偿或者赔偿数额达不到被害人近亲属的要求而未获得谅解。部分被害人近亲属对于被告人处以重刑尤其是死刑要求强烈，对于被告人被判处死缓的判决感觉"不解恨"。

（四）民事赔偿缺乏机制保障和有效监督

由于未建立民事赔偿信息共享机制，赔偿数额没有标准，对于达成的长期赔偿执行协议被告人和被害人缺乏信任。此外，检察机关在法院进行民事赔偿调解中对于调解过程和进展未能有效发挥监督作用。法院对于死刑案件的民事赔偿调解持审慎态度，对于其试图调解的部分案件，因信息不对称，检察机关只能被动等待通知，缺乏主动了解、参与的途径。

三、民事赔偿限制死刑适用的进路

（一）把握好两个辩证关系

1. 真诚悔罪与积极赔偿的辩证关系。民事赔偿必须抓住真诚悔罪这一核心，毕竟民事赔偿作为酌定量刑情节，其主要功能在于预防，即通过民事赔偿降低被告人人身危险性，通过真诚悔罪在一定程度上达到刑罚的改造教育目的。对于真诚悔罪与积极赔偿的关系应当辩证地看，如果被告人仅仅是积极赔偿并未真诚悔罪，量刑上不能酌定从轻，民事赔偿是基于其犯罪造成的损害的基本义务而不是"筹码"。对于那些真诚悔罪，具有改造可能性，人身危险和社会危害性大为降低的被告人，虽然其可能存在经济能力问题，但应当在量刑时予以考虑。被告人是否真诚悔罪，可以通过司法解释或者制度规定从赔偿的态度、赔偿的时间、赔偿的数额等方面综合考量。如在具备赔偿能力的情

况下，一审积极赔偿，明显在主观上要优于死刑判决后为"保命"进行的被动赔偿。我们反对简单的数额论，数额应当作为参考标准而非重要标准，毕竟经济能力与主观悔罪不能简单地实质化对等，法律更应当关注人性，回应社会需求。

2. 民事赔偿与其他量刑情节的辩证关系。民事赔偿并不是当然的从轻处罚的情节，仅是量刑情节的一种。应当结合案件性质、后果等综合判断是否适用死刑，而不能仅因被告人进行民事赔偿就一律从轻。对于民事赔偿的调解更应注重强制与合意的关系，虽然民事赔偿谅解体现了私权力在刑事活动中的作用和影响，但刑事活动的性质决定了公权力仍占有主导地位，主动权应当掌握在法官手中。在确保惩治犯罪的基础上，保障民事赔偿行为的真实性和自愿性。

（二）加强法治引导和法律适用前瞻性研究

虽然我国尚不具备废除死刑的条件，但严格贯彻落实宽严相济刑事政策，减少和限制死刑适用仍是我们当前死刑法律工作研究的重点。检察机关应当积极探索通过检察建议、白皮书、典型案例等检察监督和指导手段，加强刑事和解、民事赔偿法律政策的宣传力度，通过立法进一步强化检察机关检察建议、纠正违法等的法律地位和作用。作为法律监督机关，检察机关更应当加强研究死刑案件民事赔偿数额、赔偿态度与赔偿时间的分量，将赔偿作为可量化的量刑情节。同时适时建议引入终身监禁刑罚

措施，在死刑、死缓之间增加可供法官选择的自由裁量。对于一些情节较为严重的犯罪分子适用终身监禁，既可以消除被害人近亲属担心放纵罪犯的心理预期，又可以更好地实现刑罚的惩罚教育作用。

（三）建立民事赔偿风险防控机制和信息共享平台

大数据时代，协作的首要前提是实现信息共享。案发后，侦查机关第一时间介入案件，其对双方当事人的矛盾和民事赔偿态度更为了解，应积极探索建立死刑案件民事赔偿商谈机制。侦查机关对于案件发展趋势、民事赔偿可能性及存在的风险进行通报，在移送案卷中填写《民事赔偿进展和风险防控书》，实现被告人与被害人赔偿意愿信息沟通和共享。适时成立刑事赔偿委员会，完善多元化纠纷解决机制，推动综治组织、行政机关、人民调解组织等各类治理主体发挥预防和化解矛盾纠纷的作用，完善诉讼对接机制建设。适时探索在省级法院死刑二审庭设立派驻省级检察机关检察室，形成司法合力，共同做好民事赔偿调解工作。

（四）进一步发挥刑事司法救助作用

现阶段我国司法救助制度作为一种特殊的国家救助形式，原则是"救急不救困"[1]，其仅限于救济而非补偿，导致部分被害人近亲属因生活缺乏保障而成为上访户。对此，一方面，积极拓宽救助范围，在可能的范围内对被害人

---

① 刘静坤：《死刑案件被害人家属信访问题研究》，载《政法论丛》2009 年第 1 期。

家庭困难、生活窘迫的予以救济，另一方面，积极拓展社会救助功能，在"两高一部"的共同努力下设立刑事救助基金和委员会，尽可能降低赔偿数额对于死刑案件的影响。同时，建立被告人赔偿追索机制，一旦发现被告人有赔偿能力或者有劳动收入，法院应当采取措施追偿。对于自愿赔偿被害人近亲属但无经济赔偿能力的，可以试点签订长期赔偿协议，在检察机关的监督下，化解被告人和被害人近亲属之间因赔偿数额达不成协议的现实困境。

江苏省检察机关法律文书制发使用情况专题调研

江苏省人民检察院研究室课题组*

为进一步提高法律文书运用的规范性和实效性，近期江苏省检察院研究室就检察机关现行法律文书改革完善工作开展了专题调研。根据高检院对检察机关法律文书的相关规定，对全省三级检察机关法律文书的种类、内容、制发流程、实际使用情况等进行了梳理、研究。

一、法律文书使用基本情况

经统计，从业务类别看，目前全省三级检察机关在用的刑事诉讼类法律文书共 238 种，含立案文书 15 种，回避文书 2 种，辩护代理文书 18 种，证据文书 3 种，强制措施文书 45 种，侦查文书 56 种，公诉文书 44 种，执行监督文书 9 种，特别程序文书 30 种，申诉文书 6 种，通用文书 10 种；民事行政诉讼监督类法律文书共 93 种，含民事诉讼监督类文书 42 种，行政诉讼监督类文书 51 种。从各业务条线使用情况看，侦查监督部门文书 24 种，常用文书 10 种；公诉部门常用文书 20 种；职务犯罪侦查部门文书 111 种，常用文书 40 种；预防部门常用文书 5 种；刑事执行检察部门常用文书 3 种；民事行政部门常用文书 12 种；控告申诉检察部门文书 54 种，常用文书 30 种；案管部门文书 21 种，常用文

书 3 种；检察委员会业务类文书 16 种，常用文书 1 种。实践中，全省检察机关严格依照相关规定，通过统一业务应用系统制发、流转上述各类文书，文书内容、格式等均较为规范，总体上能够适应工作要求。

二、法律文书使用中存在的共性问题和建议

调研发现，全省三级检察院相同业务条线使用的法律文书的种类和频率不同，不同基层检察院相同业务部门法律文书的使用范围、制发流程、审批权限也不尽相同。总的来看，实践中存在一些共性的问题，需要各业务条线加以重视、改进。

（一）与司法责任制改革要求不相适应

司法责任制改革后，职权清单授权检察官行使的办案事项与业务系统中设定的文书审批权限尚未完全对应。一些办案事项交由检察官行使后，其法律文书制发主体宜调整为检察官，但有的地方和部门在实际操作中仍延续"承办人—科（处）长—检察长"的三级审批模式，不符合改革的方向和要求。

建议：根据最新修订的检察官职权清

---

* 课题组成员：严正华、张登高、杨吉高、杨大为。

单，在统一业务应用系统内落实员额检察官对自主决定事项法律文书的审批权限，加大推进力度，简化制发流程，提高工作效率。同时，按照检察长（副检察长）、部门负责人、员额检察官、检察官助理设置不同的文书审批权限。

（二）检察建议质效不佳、程序不规范

调研发现，检察建议工作存在着质量不高、程序不规范、监督效果弱化等突出问题。比如，检察机关制发的纠正违法通知书、检察建议书，对于被发文单位不接收、不回复或虽然接收但迟延回复等情况，缺少刚性监督手段，监督效果不明显。再如，派驻监狱检察室的检察建议分别以检察院名义和部门（检察室）名义发出，实行"承办人—部门负责人—检察长"三级审批和"承办人—部门负责人"二级审批，制发程序不统一、不规范。

建议：一是规范检察建议制发流程。个案监督类检察建议应报分管检察长或检察长、检察委员会审批；类案监督类、风险防控类检察建议应送法律政策研究部门审核，再报检察长审阅后由检察委员会审议决定。各类检察建议均应以检察院名义对外发出，由各级检察院法律政策研究部门统一负责备案、审核和管理工作。二是建立检察建议报备分析制度。各设区市检察院和基层检察院业务部门，对办理的再审检察建议、执行监督检察建议等个案监督类检察建议，应及时报上级检察院相关业务部门备案。三是建立向人大常委会专题报告工作机制。各级检察院制发的类案分析类、风险防控类检察建议，在发送相关单位的同时，应及时报地方人大常委会；对相关单位回复、落实、

整改情况，定期向人大常委会报告。通过邀请人大代表开展检察建议专项视察、人大常委会对相关单位落实检察建议情况开展质询、提请人大常委会专题审议检察建议工作等形式，积极争取支持。

（三）法律文书制作和管理的规范化程度不够

一是一些法律文书设计上繁简失当。如侦查监督工作文书中的执法办案风险评估预警表、处置表中，仅设置了"基本案情"和"承办人意见"，缺少对办案风险的预案设置。二是个别法律文书印章使用不规范。如控告申诉条线的控告答复函、申诉答复函这类对外法律文书，落款用印仍使用控告申诉检察部门印章。

建议：一是加强审查把关。法律文书种类、数量较多的业务部门，部门负责人应进一步加强对拟制发法律文书的审查把关工作，确保格式统一、表述准确。二是印章使用不合理的，及时研究更改，同时，提升系统中文书内容自动生成的功能，由统一业务应用系统生成的文书，达到最低审批权限入卷后自动生成相关印章，缩减用印申请、审批程序，提升文书处理效率。

（四）统一业务应用系统尚待完善

一是系统稳定性有待提高。有些文书系统生成的文号会出现错误，如恢复庭审建议书。有些制式文书系统模板打印出来的文本在字体、格式上有出入，如取保候审决定书等。二是一些文书在系统内的制作格式繁杂。如有的文书在系统内制作时会显示既定格式，但是属于全省三级检察院通用型模板，文字多、篇幅

大，需要花费额外的时间精力进行甄选、调整。三是系统中的文书与高检院公布的文书格式不一致。如民事行政部门的民事提请抗诉报告书、检察建议书、审查终结报告等文书，实践中按照高检院规定的文书格式制定，无法完全套用系统自带的模板格式。

建议：一是适时升级统一业务应用系统。二是通过走访调研及时掌握使用人员在法律文书制发方面的需求，不断更新升级系统。如格式繁杂的，可针对不同层级检察院显示与其职责权限一致的格式文本，进行相应精简；需要增加相关文书时，在调研论证后尽快增加。

三、完善各条线法律文书的具体建议

（一）侦查监督条线

1. 修改：（1）审查逮捕意见书实现繁简分流。针对案件复杂程度，设置不同类型的审查逮捕意见书，且事实与证据部分不宜固定格式。（2）由于部门职能调整，将涉及羁押必要性审查案件的相关文书，包括要求说明理由通知书（羁押必要性审查用）、继续羁押必要性审查意见书、羁押必要性审查建议书，调整到刑事执行检察部门办案系统。（3）介入侦查情况登记表中最后一栏为"公安机关采纳建议情况"，不适用于职务犯罪案件，建议将"公安机关"改为"侦查机关（部门）"。

2. 增加：（1）办案中需要对犯罪嫌疑人进行精神鉴定的，因鉴定期间不计入办案期限，往往会暂停计算审查逮捕期限直至鉴定意见出具之日止，而系统中却无变更羁押期限通知书模板，需要承办人手工制作，导致格式、标准不统一，建议新增规范的变更羁押期限通知书。

（2）建议在侦查监督工作文书中增加个案风险预案文书，便于案件承办人及时制作个案风险预案。

（二）公诉条线

1. 简化：（1）审查起诉案件特别是简单案件的审查报告，建议通过列表的方式简化。（2）案件反馈意见函对于简单无争议案件无必要性，建议对适用简易程序案件取消使用。（3）统一业务应用系统文书库中的换押证、提讯证已有最新版本，建议删除旧版。

2. 明确：（1）高检院法律文书制作说明中未明确二审、再审期间能否适用提供法庭审判所需证据材料通知书。目前在二审、再审期间，若涉及补充证据材料，多由案件承办人与一审承办人沟通。建议明确该文书可以在二审、再审期间使用，并根据规定修改相应内容。（2）高检院法律文书制作说明中未明确二审、再审期间能否适用申请证人（鉴定人、有专门知识的人）出庭名单、提请有关人员出庭意见书。目前在二审、再审期间，若涉及申请上述相关人员出庭，多由案件承办人与省法院承办人沟通确认。建议明确这两种文书可以在二审、再审期间使用，并将提请有关人员出庭意见书原文书相应内容修改为"×××上诉（再审）一案，根据《中华人民共和国刑事诉讼法》第五十七条、第二百三十一条（第二百四十五条）之规定"。

3. 修改：（1）高检院法律文书制作说明中对二审期间公诉部门建议延期、恢复审理的案件，以延期审理建议书、恢复庭审建议书两种文书规范了相应的流程，但是针对再审案件，仅有恢复庭审建议书可以通用。由于目前二审期间延期审理建议书引用的法律条文与再审程序不符，实践中适用于再审案件往往需修改、套用，建议将延期审理建议书原文书相应内容修改为"根据《中华人民共和国刑事诉讼法》第一百九十八条、第二百四十五条（第二百三十一条）之规定"。（2）介入侦查情况登记表中最后一栏的"公安机关采纳建议情况"，采用写保护形式，无法进行修改，建议参照前述侦查监督条线问题进行修改。（3）建议在公诉文书中的委托诉讼代理人告知书中增加盖章。

（三）未成年人检察条线

增加：（1）扩大覆盖面。目前未成年人检察文书种类难以覆盖全部司法办案过程，《未成年人刑事检察工作指引（试行）》中明确规定的亲情会见、心理咨询、进展情况告知等制度尚无相关法律文书，附条件不起诉案件办理过程中亦缺少相应的帮教、回访等文书，建议予以增加。（2）突出特殊性。目前未成年人检察部门权利义务告知类文书缺少特殊保护制度的内容，如未成年犯罪嫌疑人权利义务告知书、未成年犯罪嫌疑人法定代理人权利义务告知书以及未成年被害人法定代理人权利义务告知书等，缺少被害人救助权利、未成年犯罪嫌疑人亲情会见权利等内容，建议予以增加。

（四）刑事执行检察条线

1. 减少：至少在以下两种情况下，建议不再制发羁押必要性审查结果通知书：（1）依职权进行的羁押必要性审查，办案机关采纳建议的。该种情况下被羁押人会收到变更强制措施的相应文书，两种文书只是形式不同，实质内容一样。（2）依申请进行的羁押必要性审查，办案机关采纳建议的。由于申请人强制措施已经变更，这个实质结果其本人及家属已经知晓，故没有通知必要。

2. 增加：对外发出检察建议或纠正违法通知书时，需要让接收单位收件人签名或盖章，并要求其在收到相关文书的一定时限内回复整改或纠正情况，如果没有送达回证文书，确定其收到相关文书的具体时间就无书面证据，建议在统一业务应用系统刑事执行检察子系统中增加送达回证文书。

（五）民事行政条线

增加：（1）在统一业务应用系统中增加公益诉讼的相关文书。（2）根据《人民检察院民事诉讼监督规则（试行）》第四十九条的规定，在告知办案人员姓名和法律职务的通知书上，增加当事人有权申请回避的内容。（3）在监督执行活动、监督审判人员违法行为中使用的审查终结报告中，增加承办人审查认定的事实这一内容，并针对不同类型的监督案件制作不同种类的文书模板。（4）在虚假诉讼案件移送函中，增加公安机关回复时间，以防公安机关久拖不回的情况发生。

（六）控告申诉条线

1. 增加：（1）受理文书。检察机关接收的所有信访案件，无论是否受理，均应送达通知书，因此，建议在控告、举报、刑事申诉、民事行政申诉、司法救助、刑事赔偿及一般信访业务中增加统一的受理通知书、不予受理通知书；同时，鉴于目前行政监督案件与民事监督案件共用民事监督案件受理通知书、不予受理通知书的情况，建议增加行政监督案件受理通知书、不予受理通知书类型，以规范文书制作，方便案件统计、分类。（2）举报初核。建议在线索审查环节增加线索初核报告，同时，鉴于需要将经过初核的举报线索处理情况通知实名举报人，建议增加举报初核结果通知书。（3）司法救助。经审查不符合司法救助条件的案件，应当通知申请人，因此，建议增加不符合救助条件通知书。（4）信访答复。回复处理情况书、回复查办结果书、要求侦查部门评估线索书三种文书是高检院下发的统一格式文书，而统一业务应用系统中尚无，建议增加。（5）国家赔偿。建议增加接收赔偿申请材料清单、受理赔偿申请登记表、审查刑事申请通知书、刑事赔偿决定书等文书。

2. 修改：（1）建议根据 2016 年《人民检察院司法救助工作细则（试行）》和配套文书格式，在统一业务应用系统中修改完善受理国家司法救助申请登记表等文书。（2）受理后的信访案件，经审查办理后需要将办理结果通知信访人，而各检察院使用的答复函在格式等方面均不统一，建议予以统一规范。

关于检察建议制发情况的专题调研

何明田　赵小埕*

近年来，甘肃省白银市检察机关广泛运用检察建议，在服务经济社会发展、预防各类犯罪、深化依法治理、促进严格规范司法等方面发挥了积极作用。但在具体工作中也存在制发不严肃、不规范，效果不理想、社会评价低等问题。针对这些问题，白银市检察院研究室就全市两级检察机关 2015 年至 2017 年 6 月检察建议的制发情况进行了全面的调查研究，以期对实践工作有所裨益。

一、检察建议制发的基本情况

经统计，2015 年至 2017 年 6 月，白银市两级检察机关共发出各类检察建议 426 份，较 2012 年至 2014 年的 1068 份大幅减少，下降比率为 60%。下降的原因是，针对检察建议多发滥发的现状，2015 年白银市检察院研究室组织人员进行了为期 3 个月的调研，撰写了《对检察建议制发情况的调查研究》一文，提交院党组参阅。经主要领导批示，根据最高人民检察院《人民检察院检察建议工作规定（试行）》及相关规定要求，出台了《白银市人民检察院关于规范检察建议的通知》（以下简称《通知》），对全市检察建议从制发主体、内容、审批程序和后续跟踪落实等方面进行了规范要求。至此，全市检察建议的制发走上了较为规范的道路。

在这 426 份检察建议中，白银市检察院制发 16 份，各区县检察院制发 410 份。具体情况如下：

一是从制发部门看，全市检察建议的制发主要集中在民事行政检察部门、刑事执行检察部门，共 410 份，占制发总数的 96.2%。白银市院①、白银区院、会宁县院、景泰县院 4 个院的检察建议全部由民事行政检察部门和刑事执行检察部门制发。其中，白银市院民事行政检察部门制发 7 份，刑事执行检察部门制发 9 份；白银区院民事行政检察部门制发 102 份，刑事执行检察部门制发 24 份；会宁县院民事行政检察部门制发 47 份，刑事执行检察部门制发 24 份；景泰县院民事行政检察部门制发 28 份，刑事执行检察部门制发 37 份。此外，平川区院民事行政检察部门制发 47 份，针对校园安全管理向学校和教育主管部门发出检察建议 6 份；靖远县院民事行政检察部门制发 43 份、刑事执行检察部门制发 42 份，未成年人检察科制发 1

---

* 作者单位：甘肃省白银市人民检察院。
① 为行文方便，自此处起各检察院称谓均为简称，不再赘述。

份，预防科制发 8 份，反贪局制发 1 份。

二是从建议类型看，工作类检察建议与案件类检察建议总数基本持平，分别为 203 份、223 份。其中，白银市院工作类检察建议 2 份，案件类检察建议 14 份；白银区院工作类检察建议 50 份，案件类检察建议 76 份；平川区院工作类检察建议 6 份，案件类检察建议 47 份；会宁县院工作类检察建议 24 份，案件类检察建议 47 份；靖远县院工作类检察建议 77 份，案件类检察建议 18 份；景泰县院工作类检察建议 44 份，案件类检察建议 21 份。可见，除景泰县院、靖远县院工作类检察建议数量多于案件类检察建议外，其他 4 个院则相反，案件类多于工作类。而刑事执行检察部门检察建议内容则主要涉及法院超期羁押、社区矫正、取消减刑、假释、暂予监外执行资格等。

三是从建议发送对象看，民事行政检察部门发往法院的居多；刑事执行检察部门发往公安机关、监狱的居多；而未成年人刑事检察部门的检察建议均是发往学校加强校园管理的。

四是从制发程序看，自《通知》下发后，有的审批程序较以往更为严谨，如白银区院刑事执行检察局制发的 24 份检察建议均由检察委员会讨论决定。但不少院仍未完全按《通知》要求，一些检察建议既未上会研究，也未提交合法性审查。

五是从采纳情况看，公安机关、监狱对刑事执行检察部门所发检察建议的采纳率保持在 100%，法院对民事行政检察部门所发检察建议的采纳率为 88%。调研中发现，平川区院制发检察建议 53 份，景泰县院制发检察建议 65 份，两院反馈率均为 100%；白银市院制发检察建议 16 份，白银区院制发检察建议 126 份，会宁县院制发检察建议 71 份，三院均仅有 1 份检察建议未反馈。而靖远县院制发检察建议 95 份，反馈 74 份，尚有 21 件未反馈。

二、检察建议制发中存在的主要问题

经调研，自 2015 年以来检察建议制发中存在的管理混乱、主体不一致等问题得到一定程度的解决，但是实践中仍存在一些问题。

（一）统一管理制度落实不到位

为了保证检察建议的严肃性和规范性，白银市院从 2015 年 4 月起就规定各类检察建议书统一编号、统一格式、统一审签、统一归查，并在多方面作了统一要求。但是从调研情况看，除平川区院严格执行外，其余院并未严格执行，仍由各部门自行编号。另外，全国检察机关统一业务应用系统刑事执行检察子系统上线运行以来，由于部分工作人员对该系统未能熟练操作，致使在实际操作中出现编号重复、混乱等情况，存在线上线下审批权限不一致的现象。

（二）审批程序流于形式

按《通知》要求，制发检察建议，应当经检察长审批或者提请检察委员会讨论决定。其中，完善制度、加强管理的检察建议，由相关部门制作检察建议书，分管检察长签发；纠正违法行为的检察建议，由办案部门制作检察建议书，分管检察长审核，检察长签发，或经检察长同意，提请检察委员会讨论决定；民事行政检察部门的再审检察建议、执行监督检察建议、控告申诉检察部门对不服法院生效裁判的刑事申诉案件审查后发出的检察建议，由办案部门制作检察建议书，提请检察委员会讨论决定。

调研中发现，除平川区院、白银区院制发检察建议由检察委员会讨论决定外，其余院审批程序流于形式，检察长未审核过，检察委员会未讨论过。

（三）内容针对性依然不强

调研中发现，承办人受专业知识所限，制发的部分检察建议内容依然比较笼统、针对性不强，多为完善制度、加强管理和加强法律学习等，建议依据的事实叙述过于简单、理由阐述不充分，不同程度地存在分析不全面、不细致、不到位等问题。由于针对性不强、改进措施不具体，导致解决具体问题效果一般，影响了被建议单位的采纳率。如农牧局执行的制度大部分是由上级农牧局或区政府等制定的，要健全完善制度、加强管理重点在其上级或同级党委、政府，而基层院制发检察建议多会让其自行健全完善制度，加强管理，往往难达预期目的。另外，不少检察建议没有对被建议单位的管理漏洞和发生案件之间的因果关系、违反相关法律规定造成的后果进行说理、论证，导致检察建议的说服力不强，也在一定程度上影响了检察建议书的制发质量。

（四）权威性尚未树立

调研中发现，部分检察建议发出后，所涉行政机关能够立即组织开展专项整治活动，即时监督效果明显，但由于未持续跟踪监督，后续又会逐渐出现之前存在的问题，整体上影响了检察建议监督的效果。虽然《通知》要求强化对检察建议的跟踪落实，要求制发部门在检察建议发出后及时了解和掌握被建议单位对检察建议的采纳落实情况，也规定被建议单位对

检察建议没有正当理由不予采纳的，发送检察建议的检察院可以提请上级检察院向其上级主管机关反映有关情况。但是实践中，各单位收到检察建议后一般都会向检察机关反馈整改情况，但是否真的整改了，制发部门则很少核实。由于法律没有明确规定，对于如何核实，核实后怎么办，检察人员往往无所适从。为了减少检察机关的责任，只能相同内容多次重复制发，如个别检察院刑事执行检察部门就加强看守所监管、加强社区矫正等问题多次制发检察建议，大大影响了检察建议的权威。

三、对检察建议制发的改进建议

（一）严格落实管理制度

检察建议的质量高低取决于程序是否合法规范、内容是否客观真实、管理是否严格细致。应着力从以下几个方面加强管理：一是修订并继续执行《通知》。二是明确发送主体，必须以检察院的名义统一制作、发布、适用。三是明确检察建议的内容要求，做到事实客观真实、分析条理清晰、说理透彻充分，针对性强、切实可行。四是规范审批程序。严格落实由部门检察官制作检察建议书报检察长或检察委员会决定；对需要提交检察委员会研究决定的案件，报检察长批示后，及时由检察委员会研究讨论决定。实行统一编号、分类管理、保存备查、专人负责，保证检察建议的严肃性。

（二）推行合法性审查制度

甘肃省院提出要对检察建议的合法性进行审查，并于2016年12月印发《甘肃省检察机关加强和改进法律政策研究工作的意见》，规定

检察建议在签发之前均应进行合法性审查，具体审核工作由研究室承担，并强调了研究室对检察建议进行合法性审查的重点、范围，即着力解决本院检察建议法律依据不充分、不准确，适用程序不规范、不严谨等问题。2017 年 6 月 13 日甘肃省院印发《甘肃省市级检察院检察官授权范围的规定（试行）》，第二十一条授权研究室检察官对检察建议的合法性进行审查，并对区县院也作了相同的规定。鉴于推行检察建议合法性审查已有明确依据和授权范围，应及时启动该项工作。

（三）建立健全回访督促制度

《人民检察院检察建议工作规定（试行）》第八条第一款规定："人民检察院应当及时了解和掌握被建议单位对检察建议的采纳落实情况，必要时可以回访。被建议单位对检察建议没有正当理由不予采纳的，人民检察院可以向其上级主管机关反映有关情况。"应以此为依据，建立健全回访督促制度。通过回访，了解检察建议的采纳、整改情况等，分析是否需要采取其他措施、是否追究相关人的责任、检察建议是否妥当、是否需要协调帮助被建议单位，等等。只有深入被建议单位调查，全面掌握情况，找出问题的根源，提出有针对性和可操作性的整改意见，学会将检察建议与其他法律监督手段相衔接，合理合法运用检察建议，才能树立检察建议的权威性，发挥其应有的作用。

法院执行环节职务犯罪调查报告

姜宝成*

　　为加强对法官利用审判执行权违法违纪问题的分析研究，笔者以 2015—2016 年河南省安阳县检察院立案侦查的 14 起执行环节贿赂犯罪案件为研究样本，查阅相关卷宗材料、同办案人员调研座谈，分析法院执行环节存在的贿赂犯罪特点及其发案原因，并提出防控对策。

一、基本情况

　　2015—2016 年，安阳县检察院共立案查处法院生效裁判在执行阶段发生的贿赂犯罪案件 14 件 14 人。其中，8 名法官因利用审判执行权违法违纪，被以受贿罪追究刑事责任，另有 6 人因向法官行贿被一并立案侦查。8 名法官中，从行政级别看，处级干部 1 人，科级干部 6 人。从职务上看，中级法院涉案 4 人，其中，副院长 1 名，庭长、副庭长各 1 名。基层法院涉案 4 人，其中，副院长 2 名，庭长、副庭长各 1 名。

二、主要特点

（一）涉案时间长，受贿次数多

　　涉案的 8 名法官，从初次受贿到案发，犯罪时间跨度超过 10 年的有 6 人，其余 2 人涉案时间跨度也都超过 4 年。其中，某法院原副院长冯某某，自 2001 年起至 2014 年春节，利用职务便利，先后收受 220 余万元，并为行贿人在执行不良债权、涉案财物拍卖等方面提供帮助。据统计，8 名法官受贿次数均在 3 次以上，且部分涉案人员会在一起执行案件中多次收受行贿人财物。

（二）受贿数额与职级成正比

　　在对 8 名涉案法官的职务及受贿金额统计分析后发现，两者之间存在明显的正比关系，即职务越高受贿金额越大，工作单位层级越高受贿金额越大。例如，涉案的 4 名中级法院法官，受贿金额均在 20 万元以上，其中两人涉案金额超过 200 万元。

（三）权力寻租形式多样

　　一是"居间协调"。执行过程中，受托人通过接受执行申请人或被执行人请托，依靠法院公信力、强制力或自身影响力，促使双方达成有利于请托人的协议，并从中获取利益。二是"拿钱办事"。申请执行人为加快案件执行力度或者被执行人为暂缓强制执行，通过给执行法官输送利益以求达到目的。三是"上下串通"。

---

* 作者单位：河南省安阳县人民检察院。

法律对执行有着严格的程序要求，如外出办案需2人以上，每个环节都需领导审批等。故部分执行法官收取受贿款物后，会与同事或上级领导进行分赃。四是"转移管辖"。法律实务中，为避免地域保护，部分地区作出规定，在符合规定的情况下，执行申请人可以申请更换执行法院。制度的出发点是好的，但是却变成了权力寻租的手段。

三、原因分析

（一）理想信念缺失

客观地说，对于法官这类专业司法从业人员来说，长期的司法领域学习和工作，让其本身对法律法规的知晓程度，对职务犯罪的危害及严重后果认知程度，都要远高于一般普通群众。但是通过对涉案法官犯罪动因的调查，发现主要集中在两个方面：一则是犯罪成本小于犯罪收益。部分涉案法官认为，执行环节有别于审判环节，执法伸缩性大，可操作性强，加之自己受贿的行为较为隐蔽，不易被察觉发现，存在盲目自信心理；一则是职业回报不能满足涉案法官心理或物质需求。前者属于机制体制问题，后者属于心态失衡问题。而涉案法官出现上述两种情况，均说明他们的理想信念出现缺失。从犯罪心理学角度来看，犯罪行为的发生，必然是在一定的犯罪心理影响和支配下实施的。理想信念是一切行动的总开关，对于涉案法官而言，一旦理想信念缺失，便意味着丧失了对法律法规的敬畏之心，丧失了对法官职业的信仰和职业荣誉的珍惜，其在执法过程中必然难以抵制各类诱惑。

（二）执法心态极易失衡

当前，我国正处于体制转轨、社会转型、思想多样、利益多元的变革期。由于城乡、区域发展不平衡，收入分配和公共资源分配不公，造成一些法官心态失衡，进而引发不规范执法，甚至违法违纪现象。特别是近几年，随着立案登记制度改革，大量案件涌入司法机关，相比以往更多的案件进入执行程序。执行法官工作节奏快，负荷重，收入低，而且受体制特点、职数等因素影响，其级别晋升也远慢于同级别其他政府部门公务员。由于执行案件力度大小对执行结果有较大影响，容易出现执行申请人或被执行人为在执行过程中得到帮助，进而向执行法官行贿的现象。而面对金额较大的诱惑和利益选择时，更容易加剧执行法官的不平衡心态，进而收受贿赂。

（三）权力监督机制不畅

2012年修改的民事诉讼法明确将民事执行活动纳入检察机关法律监督范围。但是检察院在执行监督过程中，存在两个难题：一是监督方式。检察机关的执行监督不能采取抗诉的方式，且没有法定的监督方式。实践中采用较多的是制发检察建议，而其监督效果是否理想往往取决于法院是否配合。二是案件来源。贿赂犯罪案件证据收集固定难是长期存在的客观现实，而法官的职业特性和执行案件中自由裁量权较大的特点，决定了其犯罪警觉性更高，手段更加隐蔽，更不易被察觉。如本文所涉及的14起案件，便是检察机关在办理某起行贿案件时，从行贿人口供中获取案件线索，进而深挖出的系列窝案、串案。

四、防范对策

一是抓好源头防范。法院要把理想信念和

廉政教育抓紧抓实抓早，切实促使每一名法官端正理想信念，端正世界观、人生观、价值观和权力观。要持续强化执行法官责任意识和法律意识，不断提升职业道德素质。同时，思想教育和廉政教育必须走出空洞说教的怪圈，要利用好现有资源，以灵活多样的思想教育方式启心明智，挖掘身边的正能量，树立一批先进执行工作典型，让身边人讲述身边事，用身边事教育身边人，引导教育法官打牢拒腐防变的思想防线，实现教育内容的项目化、实践化。

二是落实执行法官的福利待遇。职业待遇和社会地位是执行法官廉洁执法的两条重要保障。虽然目前法检两院推行"员额制"，司法人员待遇均有不同程度提升，但是就目前笔者所在地区来说，一是工资待遇尚未落实到位，二是预期增长幅度仍低于同级公安机关。此外，由于员额法官名额数量有限，尚有大量非员额制法官在执行办案一线，"同工不同酬"的问题将会在一定时期内存在。因此，在现有制度前提下，应进一步落实执行法官的加班费、文明奖、出差补助等待遇，提升职业荣誉感和归属感。

三是加快执行信息公开平台建设。法院系统应加强"一站式"执行查询服务系统建设，以依法阳光执行为向导，充分利用法院官网、微博微信、电话查询和电子公告牌等方式和设备，及时公示案件受理、审批、执行进度等情况，让案件当事人和群众及时了解案件执行流程节点信息。通过执行信息公开，引入人民群众的参与和监督，最大限度挤压利用执行权寻租的空间，倒逼执行案件规范执行。

四是完善执行权内部制约机制建设。推行执行权分离举措，增加执行腐败难度。把当前庞大的执行权根据执行流程分解为财产查控、财产处置、款物发放等不同环节，并明确时限要求，由不同的执行人员专职办理，改变过去"一人办到底"的办案方式。此外，由于执行权具有司法权和行政权双重属性，在执行过程中表现为执行的裁判权和执行的实施权。鉴于部分基层法院执行部门往往存在案多人少现象，如实行执行权分权有难度，可考虑将执行局分解为执行权实施部门和执行权裁决部门，实行执行权分权行使，进而实现权力制约，预防腐败的目的。

五是强化对执行案件的外部监督。检察机关应进一步强化对法院执行案件的监督力度。条件成熟地区可建立健全检法联席会议制度，协商确定对执行案件监督的原则、范围和方式方法。检察机关和法院内部纪检部门可以探索建立动态跟踪机制，对执行情况及时进行分析、研判、评价。检察机关要充分运用纠正违法通知书和检察建议等监督手段及时有效开展监督。

羁押必要性审查工作的难点及破解

齐利民　窦春雷[*]

2016 年，最高人民检察院通过《人民检察院办理羁押必要性审查案件规定（试行）》（以下简称《羁押必要性审查案件规定》），将羁押必要性审查工作归口刑事执行检察部门后，虽然受案数量有了极大增长，但进一步推进该项工作则面临检察建议缺乏刚性、审查力量配备不足等诸多问题。笔者以为，解决上述问题首先要破解司法观念陈旧、外部沟通协调等难题。

一、当前羁押必要性审查工作的推进难点

（一）羁押必要性审查案件数量仍然不高

限于各种条件，检察机关只能有选择地对一部分案件进行审查，且审查的比例整体不高。审查比例最高的年份仍然不足全部符合审查条件案件数的 11%。而刑事诉讼法、刑事诉讼规则、《羁押必要性审查案件规定》并没有限制检察机关对全部符合条件的案件进行审查，更没有限制对每个被采取羁押性强制措施的犯罪嫌疑人只进行一次审查。全国检察机关建议释放或

变更强制措施的人数，2013 年为 23894 人[①]，2014 年为 33495 人[②]，2015 年为 29211 人[③]，2016 年 1 至 11 月为 42159 人，2016 年 12 月办案数为 8401 人[④]。按照裁判文书网公布的数据，2015 年建议释放或变更强制措施的人数占逮捕总人数的 5.28%，占判处缓刑以下刑罚总人数的 6.42%；2016 年建议释放或变更强制措施的人数（以 50560 人计算）占逮捕总人数的 9.35%，占判处缓刑以下刑罚总人数的 10.72%，可见整体比例并不高。

我国的羁押必要性审查工作还有很大的上升空间。根据刑事诉讼法规定，可能判处缓刑、管制、拘役、独立适用附加刑、免予刑事处罚、无罪的案件都具有适用取保候审、监视居住的可能性。从裁判文书网公布的 2015 年至 2017 年上半年的判决数据看，2015 年全国共判处罪犯 1373521 人，判处缓刑及以下刑罚的罪犯 455299 人，占罪犯总人数的 33.15%。其中，80037 人被取保候审，占罪犯总人数的 5.83%，

* 作者单位：吉林省吉林市人民检察院。

① 参见 2014 年最高人民检察院工作报告，http://www.spp.gov.cn/tt/201403/t20140318_69216.shtml。

② 参见 2015 年最高人民检察院工作报告，http://www.spp.gov.cn/gzbg/201503/t20150324_93812.shtml。

③ 参见 2016 年最高人民检察院工作报告，http://www.spp.gov.cn/zdgz/201603/t20160313_114325.shtml。

④ 参见齐磊：《推动羁押必要性审查案件数量质量稳中有升——最高检刑事执行检察厅厅长袁其国做客高检网正义网接受访谈》，载《检察日报》2017 年 2 月 14 日。

判处缓刑以下罪犯诉讼期间未采取强制措施的375262人，占罪犯总人数的27.32%。

虽然刑事执行检察部门2016年年初全面接手羁押必要性审查工作后，当年全国的取保候审占轻型罪犯的比例同比上升了2.14%，且2016年1至11月检察机关经审查后发出变更强制措施检察建议后，有38606人被释放或者变更强制措施，同比上升了60.8%，[①]成效非常显著的。但是检察机关办理羁押必要性审查案件占全部可以进行必要性审查案件总数的比例仍不高。

（二）羁押必要性审查权缺乏刚性

羁押必要性审查权是没有制度刚性的权力。根据刑事诉讼法第九十三条和刑事诉讼规则第六百二十一条的规定，检察机关的羁押必要性审查权只是对办案机关变更强制措施的建议权，没有强制执行力。办案机关如不采纳检察机关变更强制措施的建议，说明理由和依据即可，缺少制度的刚性制约。司法实践中由于执行标准不统一，办案机关收到检察建议后随意性比较大。

此外，侦查机关本身也存在着侦查人员办案压力较大、司法理念落后、过高估计强制措施效果等问题。部分案件即便检察机关经过严格论证，认为被羁押人员符合变更强制措施条件，也不必然得到侦查机关的配合，有时还会导致侦查机关加速向检察机关移送审查起诉。审判机关则更倾向于按照"一押了之""不判不放""羁押是常态，不捕是例外"的方式来对待

羁押必要性审查工作。实践中，审判机关一方面强调工作量大导致许多轻罪案件因审前羁押时间过长不得已作出高于应判刑期的判决，出现"刑期倒挂"现象，另一方面又积极采用羁押性强制措施。以某地级市的数据看，3年来共有701名犯罪嫌疑人在移送到法院后由非羁押性强制措施变更为逮捕，而这些犯罪嫌疑人大多符合非羁押性强制措施的条件。

（三）检察机关审查力量配备不足

刑事执行检察部门在2012年刑事诉讼法修改后，新增了7项工作，但市、县两级院刑事执行检察部门人员编制数整体变化不大。刑事执行检察部门在检察系统内对于优秀办案人的吸引力仍然有待提高。一些基层院刑事执行工作办案人员反而出现大量流失，导致工作开展困难。此外，羁押必要性审查工作对办案人员业务素质要求较高。在羁押必要性的审查标准、审查方式、审查时间、审查频率、审查次数等都没有明确规定的前提下，办案人员要对犯罪嫌疑人的社会危害性、犯罪行为量刑幅度、犯罪情节与证据情况等有比较准确的评估，在羁押必要性审查没有刚性的情况下，办案人员还需要对刑事诉讼各个阶段的办案心态有充分的了解。按照以往的刑事执行人员培养机制来渐进培养羁押必要性审查案件的办案人员，不足以满足工作需要。一面是已有的办案人员不敷使用，一面是基层办案人员的流失，羁押必要性审查或面临"人才荒"。

---

① 参见齐磊：《推动羁押必要性审查案件数量质量稳中有升——最高检刑事执行检察厅厅长袁其国做客高检网正义网接受访谈》，载《检察日报》2017年2月14日。

二、破解羁押必要性审查工作难点的对策

（一）形成地区监督刚性

现阶段谋求检察监督刚性，必然离不开政法委的领导。由于羁押必要性审查工作不具备强制执行力，故形成公检法三家统一认可的标准尤为必要。由当地政法委牵头，通过联席会议形成本地区羁押必要性审查工作的具体标准，对于该项工作的稳定发展将起到极大的促进作用。一是可以将以往公检法三家关于羁押必要性审查中的各项模糊标准形成统一的更具有操作性的制度，从而在一定程度上降低对办案人员业务素养的要求，给人才培养提供时间。二是可以进一步提高检察机关发出释放或者变更强制措施检察建议的执行效果，提升工作的监督刚性。三是可以在一定程度上满足侦查机关、审判机关对于羁押性强制措施的要求，促进司法工作的开展，寻求三机关的最大公约数。欲形成羁押必要性审查监督刚性，依靠政法委主持下的三机关联席会议是目前为数不多的有效选择之一。

（二）充实内部办案力量

羁押必要性审查工作需要大量具备成熟司法能力的办案人员。从本部门内部培养未见得能满足需求，需要多措并举解决人才荒问题。一是单位内部协调充实办案力量。保证每个刑事执行检察部门至少配备一到两名具备丰富批捕或者公诉经验的办案人员。二是在条件允许的情况下开展有针对性的业务素能培训。三是让有提升空间的人员参与办理一定数量的批捕、起诉案件，提升业务能力。四是吸引外部人才充实本单位办案力量。

（三）加强同看守所的沟通

羁押必要性审查工作存在天然的合作者——看守所。随着各地犯罪案件数量的上升，相当一部分看守所面临羁押人数超出设计水平的情况，其也在寻找解决办法。羁押必要性审查工作在一定程度上能够缓解看守所的羁押监管压力，而看守所如能积极配合检察机关工作，亦能够使羁押必要性审查案件数量大幅提升。首先，看守所可以利用所内各种资源加大对羁押必要性审查工作的宣传力度，促进依申请提起审查的案件数量。例如，向新入所人员发放权利告知书，定期在所内闭路电视播放宣传羁押必要性审查工作的宣传片。其次，看守所可以实时掌握被羁押人员的动态，侧面评估其社会危害性，保证羁押必要性审查案件的办理质量。最后，看守所可以向检察机关通报公安机关近期的工作重点，协助检察机关有的放矢地开展批量监督。看守所本身隶属于公安机关，对"专项活动"类的办案情况比检察机关更敏感，了解更详细。从以往经验看，检察机关围绕公安机关"专项活动"开展羁押必要性审查工作，往往能够收到事半功倍的效果。总之，如能与看守所加强沟通或者形成定期召开联席会议制度，则羁押必要性审查的案件来源、办案的精准程度都得到一定提高。

（四）构建权利保障机制

增加依申请进行羁押必要性审查的案件数量，须进一步构建犯罪嫌疑人权利保障机制。一是严格落实受理控告、举报和申诉制度。驻所检察室在监所巡视检察中，应当坚持每周开启检察官信箱，及时接收在押人员控告、举

报和申诉材料。二是严格执行检察官谈话制度。通过与在押人员谈话主动发现线索，及时启动羁押必要性审查程序。三是充分尊重辩护律师执业权利。认真接待律师来访，为辩护律师行使辩护权提供充分的程序保障，以中立的态度听取辩护律师及被害人一方的意见，确保辩护律师对羁押必要性审查的知情权、申请权、证明权。四是加强与人民监督员、人大代表、政协委员的工作联系，及时通报工作情况，积极受理，做到严格执法、规范办案，争取社会各界对羁押必要性审查的理解与支持。

财产刑执行检察工作中的误区与策略

杜 珂*

近年来，随着刑罚轻缓化和社会化的发展，财产刑越来越多地被法院在刑事判决中适用，其在我国整个刑罚体系中的地位逐渐凸显，但目前的现状是：一方面，法院财产刑判决及执行情况信息不全、底数不明，审判与执行缺乏衔接，执行未能归口、多数得不到执行，财产刑"空判"现象突出，影响了法律的权威性；另一方面，财产刑执行检察缺乏操作程序和刚性手段，往往抓不住重点，发挥不了检察监督的效力，在考核的压力下，部分检察机关为了追求绩效，甚至代行法院职能。为了正确把握财产刑执行检察工作的职能定位，有必要对财产刑执行检察中存在的误区进行梳理、反思，寻找更有效的工作方法，靶向发力，推动财产刑执行检察工作的发展。

一、财产刑执行检察工作存在的误区

法院大量的财产刑判决得不到执行，更加凸显了检察机关刑事执行检察工作的紧迫性，也易产生急于事功的焦躁心理，由于立法层面并没有关于财产刑执行检察的程序规定和刚性手段，许多地方且行且摸索，不乏有成效的经验和做法，但也存在一些误区。

一是定位不准，将财产刑执行检察工作与具体财产刑执行工作混同。多从财产刑如何执行到位上找方法，鲜有从如何提升分析、发现财产刑执行中问题的能力，完善检察监督职能，监督法院规范开展财产刑执行上寻找对策，导致把法院应当完善的机制方法当作检察机关的工作重心而发力。

二是超越职能，越俎代庖。在法院不作为的情况下，检察机关难免急于事功，代行职能。司法实践中，一些检察机关的工作职责任务中甚至包括开展被执行人财产状况调查，替代法院进行财产调查、寻找罪犯等，往往最后只待法院来行使执行程序。

三是重结果轻过程，不注重对过程中违法行为的监督。根据《人民检察院刑事诉讼规则（试行）》的规定，检察机关主要对财产刑执行中的下列活动实行监督：（1）罚金、没收财产是否依法及时执行；（2）涉案财产的处理是否合法；（3）财产刑执行与相关人员财产权利关系的处理是否合法；（4）中止执行、终结执行是否合法；（5）罚金和没收财物上缴国库情况。所以，财产刑执行检察要关注财产是否执行到位，更要关注整个执行过程中是否存在违法，

---

* 作者单位：湖北省荆门市人民检察院。

甚至潜在的职务犯罪行为。但在实际工作层面，一些检察机关认为只要罪犯履行了财产刑判决，监督就到位了。这种局限性既有认识上的偏颇，也有单纯追求绩效的考量。

四是浮躁心理与等待观望心理并存。一方面，虽有强烈的工作责任感，但是没有深入的调研和具体的思路、谋划，在具体案件办理中又缺乏有效的方法，以致随意性大，无处发力，成效不佳；另一方面，存在畏难情绪，认为法律依据不足，方法不多，难以开展，寄希望于法律完善后一蹴而就，缺乏开拓创新的勇气。

厘清工作中存在的误区，有助于我们克服等靠思想，找准职能定位，找到工作的着力点，采取更加有效的措施推进财产刑执行检察工作。

二、有效推进财产刑执行检察工作的着力点

（一）充分运用检察建议，推动法院完善财产刑执行机制

一是建议法院强化内部管理。包括财产刑判决及执行信息数据库建设，审、执部门之间加强衔接，财产刑归口执行，等等。二是建议法院将未履行财产刑的罪犯纳入失信被执行人名单，依法对其进行信用惩戒。财产刑执行与民事执行具有一致性。《最高人民法院关于公布失信被执行人名单信息的若干规定》虽然主要针对民事执行领域，但同样可适用刑事审判领域的财产刑执行。三是建议法院重视减刑案件中罪犯的财产刑履行情况。《最高人民法院关于办理减刑、假释案件具体应用法律的规定》第二条规定："对于罪犯符合刑法第七十八条第一款规定'可以减刑'条件的案件，在办理时应当综合考察罪犯犯罪的性质和具体情节、社会危害程度、原判刑罚及生效裁判中财产性判项

的履行情况、交付执行后的一贯表现等因素。"建议法院在罪犯减刑审理过程中，在综合考察的前提下，对于其财产刑判决的履行情况给予足够的重视。四是建议法院加强对相关罪名的运用，防止涉案财产的隐匿、转移等。许多罪犯或其亲属、案件相关人员在案发后存在隐瞒、转移财产，拒不执行判决、裁定和非法处置查封、扣押、冻结财产的行为，对此，法院应加大对这类犯罪的审理力度，以确保后续财产刑判决后有财产可供执行。

这里应当把握两个原则：其一，对于法院完善财产刑执行机制的建议，是检察机关检察建议的内容，而不是财产刑执行检察工作的方法。要厘清各自的职能定位，避免切入太深，超越职能边界。其二，检察建议应建立在对事实的充分调查和掌握上，要立足于事实，有充分的说理和法律依据，不能片面追求数量影响其严肃性和权威性。

（二）加强检察机关财产刑信息机制建设

法院财产刑的判决及执行等相关信息是检察机关开展财产刑执行检察工作的前提，必须大力加强检察机关财产刑信息机制建设。一方面，在检察机关内部，刑事执行部门要与案件管理、公诉、审判监督等部门建立常态化的联系沟通机制，在业务软件上开放端口，共享信息。另一方面，检察机关要与法院建立财产刑执行工作联席制度，共享财产刑判决及执行信息，及时掌握财产刑判决及执行的动态情况。各级检察机关可根据本地法院财产刑判决执行情况建立信息数据库，并可全国检察系统共享。

值得注意的是，检察机关要把握三个阶段的财产刑执行信息：一是法院判决时已履行的

财产刑信息；二是审判部门移送执行部门后，执行部门已执行的财产刑信息；三是罪犯在监狱服刑期间履行的财产刑信息。这样才能获得完整、准确的财产刑执行信息，而不是仅仅关注审判时执行的财产刑信息。

（三）加强对财产状况调查和涉案财物随案移送情况的监督

对侦查阶段可能判处财产刑的案件，检察机关刑事执行部门应加强与批捕部门的沟通，由批捕部门建议侦查部门加强对犯罪嫌疑人财产状况的调查，对涉案财物或部分财产可先行查封、扣押、冻结，防止转移、隐匿、毁损。同时，监督侦查机关将涉案财物制作附卷、随案移送的情况。公诉部门后续可在量刑建议中增加财产刑判决建议，保证法官在审判时进一步查清被告人的财产状况，减少判决的盲目性，提高执行的针对性。

（四）建立罪犯财产状况联合调查机制

财产状况是多样的，要查明罪犯的财产状况，往往涉及面广、工作量大、耗时长。除了敦促罪犯本人积极履行，向其家属、居住社区人员了解真实财产状况外，检察机关可联合法院、公安、监狱、金融机构、网络公司、社区及社会组织建立罪犯财产状况联合调查机制，加强合作，信息共享，以快速、准确查清罪犯的财产状况。

在这个联合调查机制中，检察机关应立足监督职能，以督导为主，适度参与，切不可大包大揽；由法院具体行使财产状况调查职责，其他部门加强配合。检察机关具体行使以下职责：一是筛选一批有社会影响、有潜在履行能力的财产刑执行案件，制定调查方向、策略，建议法院深入调查。在财产调查过程中，注意监督法院有无遗漏调查事项，调查中有无违法行为。二是法院不执行或认为无财产可供执行时，检察机关可适度介入财产调查，一旦发现有可供执行的财产线索，及时向法院发出检察建议或纠正违法通知书，监督法院进一步查清全部财产状况，并执行到位。三是在切入调查中，重点了解法院有无照顾关系、收受好处后不执行等违法问题。

（五）建立罪犯财产举报和财产刑执行申诉机制

通过广泛宣传检察机关财产刑执行检察职能，公开罪犯财产刑信息，引导社会力量参与，建立健全罪犯财产举报机制，从而准确、迅速地摸清罪犯财产状况，推动法院财产执行。同时，通过受理被执行人及其法定代理人、近亲属和执行标的权益人的控告、举报和申诉，加强对财产刑执行的监督，发现执行机关在财产刑执行中的违法行为。

（六）把握关键环节，加强对财产刑执行的全过程监督

一是突出对法院的执行立案、执行措施、变更执行、中止执行、涉案款物处置以及上缴国库等活动的监督，确保执行活动依法规范进行。二是突出对监狱、法院在减刑、假释工作中考量财产刑执行情况等活动的监督，切实贯彻宽严相济刑事政策。三是突出对刑罚执行阶段当事人反映公安机关等办案部门违法查封、扣押、冻结、扣留款物等活动的监督，注重维护当事人合法权益。此外，要破除仅关注财产刑判决金额是否履行的局限性思维，即使是执行到位的案件，其执行过程中也有可能存在违法问题。对发现的违法行为要提出书面纠正意见；对存在的职务犯罪行为，要及时收集固定证据，果断查处。

（七）以专项检察推动类案解决，以重点案件的突破彰显法律效果和社会效果

同类的财产刑执行案件往往具有共同特性，要善于发现规律，探索监督方法。如危险驾驶犯罪的罪犯往往属于轻刑，大多留所服刑，虽然多具有履行能力，但执行率较低。对这类案件，可开展专项检察监督，法院集中清理。

在财产刑执行案件中，将职务犯罪、金融犯罪、涉黑犯罪、破坏环境资源犯罪、危害食品安全犯罪等五类罪犯作为检察监督的重点对象，并将尚未执行完毕的职务犯罪（特别是党的十八大以来判决生效的职务犯罪）涉财产刑执行案件作为重中之重，因为这类案件社会影响大，群众关注度高，能够产生震慑作用，更好地彰显法律效果和社会效果。

基层检察院法律政策研究部门职能的重新定位

王晓苏*

2016 年 10 月，全国检察机关法律政策研究室工作座谈会上，高检院提出在深化司法体制改革背景下重新审视法律政策研究室职能定位的要求，明确了法律政策研究室是"承担着综合性检察业务工作的业务部门"，要求各级检察机关法律政策研究部门"聚焦主业"，强化"服务和指导司法办案的导向"，扭住"业务性""应用性"。

一、基层院法律政策研究部门的职能特征

（一）基层院法律政策研究部门面临的问题

随着司法体制改革的深入推进，特别是地市级院和基层院，都不同程度地出现了并撤机构、弱化法律政策研究职能的问题，即使一些省市在法律政策研究职能部门配备了员额检察官指数，但围绕如何实现业绩考评各地执行情况不一，有的甚至为了凸显办案职能，要求研究室的员额检察官挂靠到相应的业务部门具体承办案件，以应对业绩考评，一定程度上导致了综合业务类员额检察官追求办案业绩、荒废调研主业的问题。

（二）基层院法律政策研究部门职能的研判

办案工作本身就是一项综合性很强的业务工作，一个案件的办理，特别是重大案件的办理，包含着办事、办文，甚至办会的诸多环节，涉及组织协调、法律政策研究、检察实务研讨等诸多工作，基层院法律政策研究部门工作职能有别于省级院、高检院，与办案业务工作联系更为具体、紧密，其"业务性""应用性"更为凸显，承担着引领、服务、指导和规范办案工作的工作职能。

（三）基层院法律政策研究部门职能的新特征

一是服务性，作为一级检察机关的调研部门，其首要任务就是服务，服务中心工作，服务领导，为领导推进地区工作、创新工作提供理论和实务调研，提供政策研究数据支撑；二是引领性，法律政策研究部门承担着承上启下的业务传导任务，要将上级院和先进省市检察工作的先进经验与本地工作实际结合起来，提供鲜活的事例，为领导决策当好参谋助手；三是指导性，法律政策研究部门要通过实务研究固化成功经验，特别是致力精品案件的孵化、整理，定期组织点评、发布，指导类案的办理；四是规范性，通过实务研讨和案例研判、点评，

* 作者单位：辽宁省本溪市人民检察院。

规范司法行为，消除和减少办案瑕疵，提升地区员额检察官整体办案水平。

二、基层院法律政策研究部门职能的运行方式

高检院始终强调法律政策研究工作必须构建"大调研格局"，要在全地区形成一个"领导与业务骨干相结合，专兼职人员相结合，全体干警积极参与"的大调研格局，法律政策研究部门基于专门职能部门要发挥掌控全局、协调组织作用，组织协调业务骨干力量开展实务研讨，在学习研讨中提升规范执法水平，提升业务工作创新能力。

（一）准确定位基层院法律政策研究部门的主业

一是树立全局意识，把领导关注的中心工作作为第一要务，为领导决策提供可行性研究和数据支撑；二是贴近一线，选准业务课题，把执法办案实践中遇到的难点焦点作为调研的重点，做专项业务工作改革创新的助推器；三是服务办案，把办好案、办精品案视为己任，积极介入地区大要案、疑难案件的办理。充分发挥中层领导和资深检察官、业务精英、调研骨干的作用，以老带新，重点帮带，致力实务研究和精品案件孵化，使法律政策研究工作真正成为检察业务工作不可分割的组成部分。

（二）准确把握"综合业务"内涵，围绕"办案"办事、办文、办会

认真贯彻落实高检院提出的构建大调研格局的工作要求，顺应司改员额检察官办案组织运行新机制的需要，切实发挥检察实务研究服务、指导、规范的综合职能作用，更好地服务工作创新，服务办案。一是围绕办案工作办事，把检察实务研究放在首要位置，结合地区检察工作实际确定重点调研课题；二是围绕司法实践，注重总结经验，及时形成规范司法行为、规范司法办案工作的工作机制，规范化文件指导地区检察业务工作；三是围绕实务研究成果开好理论年会，积极促成调研成果最大化，服务指导业务工作。

（三）抓好调研成果转换与应用

一是专题调研成果形成后，法律政策研究部门按照调研层级管理要求，逐级推荐报送；二是对于工作实务类调研，可以提交分管领导或部门领导直接运用，课题组应当跟踪收集成果适用情况，形成调研评价，一并报送法律政策研究部门；三是定期开展专题调研成果的编辑和奖励。市级院每年度开展一次专项调研成果评审活动（或理论年会），对重点调研课题成果、重大工作调研、精品案例推荐评点进行评审和奖励，并及时做好实务研讨成果固化工作，对入选的优秀调研成果定期汇编《年度检察实务研讨》和《年度精品案例点评》。

三、基层院法律政策研究综合业务工作的延伸

（一）搭建专项检察实务研究课题组，形成点线辐射效应

以法律政策研究部门为组织协调基点，以各业务部门为辐射，形成覆盖全地区检察业务工作领域的大调研格局。根据当前改革的实际情况，市级院宜至少设立以下三大类专题调研

课题组：（1）刑事检察实务研究课题组，分设侦查监督、公诉、未成年人检察和刑事执行检察四个小组；（2）民事行政检察实务研究课题组，分设民事行政、控告申诉两个小组；（3）综合类实务研究课题组，在法律政策研究、案件管理等综合业务部门、检务保障、政工部门分设实务研讨小组。

（二）专项检察实务研究课题组的任务

一是紧密结合部门工作职能，积极申报参与上级院重点调研课题研究；二是树立全局意识，立足检察工作职能，把服务检察中心工作作为第一要务，为领导决策提供可行性研究和调研数据支撑；三是在分管检察长的领导下，立足部门业务工作职能，把工作机制创新、执法办案实践中遇到的难点焦点作为调研重点，选准业务课题，服务部门工作和专项工作创新；四是在部门负责人的指导下，依托调研课题组，搭建业务指导平台，积极开展岗位练兵和案例研讨活动，充分发挥业务精英、调研骨干的作用，致力部门实务研究和精品案件孵化，不断提升部门整体办案质量。

（三）专项检察实务研究课题组的运行方式

其一，落实重大专项调研课题由法律政策研究部门组织协调，指定专项检察实务研究课题组为专题课题组或选调整合调研骨干组建具体课题组，报请检察长或检察委员会审定后，有计划地组织、指导、推进调研课题的研究撰写工作。

其二，专题课题组应根据工作需要和上级指示，形成年度调研计划（包括课题、完成时间、预期效果等内容），报请部门领导、分管检察长审定，同时报法律政策研究部门备案。

其三，专题课题组应当结合部门岗位练兵计划，定期或不定期开展实务研讨和案例研讨、点评活动，每年负责孵化和推荐产生地区对口部门的典型案例、精品案例，并附有业务骨干（资深检察官或专家）点评。

其四，专题调研或重点调研课题一经检察长审定，确需其他部门配合协调的，由法律政策研究部门会同课题组组织协调推进，确需必要调研经费的，按照经费审批程序报批。

定位与创新：
构建行政强制措施检察监督机制之探索

王春媛　范宏昕[*]

党的十八届四中全会指出，完善对涉及公民人身、财产权益的行政强制措施实行司法监督制度。作为重要的司法监督主体，检察机关如何遵循科学的检察监督原理，更新监督理念，按照促进形成"严密的法治监督体系"之目标，探索构建行政强制措施检察监督机制，保障行政强制权在法治轨道上公正高效运行，是亟待深入思考的现实课题。

一、定位：行政强制措施检察监督之职能作用

所谓行政强制措施检察监督，是指检察机关对违法行政强制措施依法监督制约并及时督促纠正的法律监督制度。具言之，行政强制措施检察监督的实质是检察权对行政权的监督制约；监督对象是涉及公民人身、财产权益的行政强制措施；监督内容主要为，一是对行政强制措施合法性进行监督，二是发现行政执法人员涉嫌职务违法甚至职务犯罪行为的，建议相关机关追究相应责任。[①]

构建对行政强制措施实施司法监督制度，主要目的是通过完善司法权对行政强制措施的监督制约机制，防范行政强制措施权之滥用和异化，重塑公正权威的行政法治生态，不断提高法治公信力。考虑到制约型监督与督察型监督是检察机关常用的两种监督形式，前者是检察监督作为被监督权力的一道必经环节，对被监督机关进行监督制约；后者是检察监督在被监督权力的程序之外，通过主动发现违法线索进行监督制约。[②] 因此，行政强制措施检察监督的职能定位为：对行政强制措施的检察制衡权和督促纠正权。其中，制衡权侧重检察权在行政管理程序内对行政强制措施运行过程的监督制约；督促纠正权侧重检察权在行政管理程序外对行政强制措施的监督制约；对行政执行人员职务违法行为的发现及惩处，是贯穿行政强制措施检察监督的重要任务。也就是说，检察监督只有参与到行政强制措施程序之中，或者作为行政强制措施权中的一个必经环节，如事前审查一些事关公民人身自由的行政强制措施，或者进行现场监督等，才能

---

* 作者单位：浙江省慈溪市人民检察院。

① 需说明的是，本文研究的问题属于检察机关行政违法监督范畴，指向的对象主要是行政诉讼程序外的行政强制措施，不包括检察机关通过提出行政抗诉而对行政强制措施实施的间接监督。

② 参见朱孝清：《中国检察制度的几个问题》，载《中国法学》2007 年第 2 期。

真正发挥防范权力滥用之作用；同时，在检察机关没有参与到行政强制措施之中的情况下，则可通过向检察机关备案行政强制措施实施情况、畅通行政相对人申请监督渠道等措施，增强监督违法行政强制措施的及时性与有效性。

二、原则与范围：行政强制措施检察监督之权力边界

（一）监督原则

一是监督公权原则。由于"民事行政检察监督作为检察机关法律监督的重要组成部分，在性质上是对公权力的监督"，所以，行政强制措施检察监督，在性质上属于检察权对行政强制权这一公权力的监督。在这种监督法律关系中，监督者是检察机关，被监督对象是行政机关及其行政执法人员。从深层意义上讲，监督公权原则是检察机关安身立命之根本，体现了"把权力关进制度的笼子里"的现代权力监督制约理念，是检察监督必须坚持的首要原则。

二是依职权监督原则。作为我国的专门法律监督机关，检察机关只能依宪法法律的授权才能开展具体的行政强制措施监督活动。就是说，不同于法院审判权的不告不理原则，检察监督权具有主动性，不能像法院那样适用解决民事行政纠纷的不告不理原则，只能依法定职能开展法律监督活动；既不能在法律规定范围之外超越检察权的边界，"越位滥权"，也不能在法律规定的监督职能范围内不敢监督、不愿监督，怠于履职，"缺位失位"。

三是遵循法治规律原则。一方面，尊重行政权运行规律。行政强制措施的决定与实施具有强制性、预防性、侵益性和暂时性等特点，基于其特殊的运行规律，检察机关在监督实践中，既不能因监督而影响行政强制的效率性，也要注重防范其滥用和异化。另一方面，尊重检察监督规律。检察机关监督行政强制措施，原则上应依职权参与到行政强制措施实施过程中，站在行政强制措施之外难以有效监督。因此，找到尊重行政权运行规律与检察监督规律的最佳结合点，成为设计好该制度的重中之重。而正确理解事后监督内涵，则是遵循法治规律原则之突破口。所谓"事后"指的是事件发生后，公权力违法发生后，或违法行为正在进行中，都属于"事后"范围，而不是指案件结束后。许多人却将事后监督狭隘地理解为检察机关只能在案件结束后才可能根据相关人的申请或自行发现违法线索启动监督程序。若作如此理解，检察监督权不敢依职权介入正在运行的审判权或行政权，将在某种程度上放纵或变相支持违法行为。

（二）监督范围

确定行政强制措施检察监督的范围，既影响检察监督能否顺利有效开展，也决定检察监督的权力边界，更考验立法者找准行政权运行规律与检察监督规律之最佳结合点的法治智慧。确定监督范围，应把好三个条件：

一是确属行政强制措施。判断是否属于行政强制措施，要把握行政强制措施的法律特征：是否为限权性行为、暂时性行为、可复原性行为、合一性行为。由于实践中行政强制措施与行政强制执行往往不易区分，或者是一个行为的两个阶段，鉴于此，对于那些与行政强制措施联系密切的行政强制行为，亦应纳入检察监

督范围。①

二是监督对象是涉及公民人身权、财产权的行政强制措施。总体来讲，不论是行政强制法还是其他法律法规规定的行政强制措施，只要涉及公民的人身、财产权益，都应纳入检察监督范围。另外，从党的十八届四中全会精神来看，监督行政强制措施的目的是防范公民的合法权益受到侵害，而行政强制措施的对象还包括法人和其他组织，所以，应从广义来理解把握，对于侵害法人和其他组织权益的行政强制措施，也应纳入检察监督范围。

三是监督内容为行政强制措施的合法性。在对行政强制措施的合法性进行检察监督时，应当适用较为严格、全面的审查标准，既要进行实体审查也要进行程序审查，审查标准可参考行政诉讼法第六十九条、第七十条规定，主要有：（1）证据是否确凿；（2）适用法律法规是否正确；（3）是否违反法定程序；（4）是否超越职权；（5）是否滥用职权；（6）是否明显不当。

三、创新与路径：行政强制措施检察监督之机制构建

（一）重构监督模式，塑造行政强制措施检察监督权威形象

1. 对事监督与对人监督相结合。对人监督与对事监督相结合，是提升检察监督有效性、权威性的必然要求。所谓对人监督，就是对公职人员职务违法行为的监督，监督方法是提请有关部门追究违法人员的法律责任；对事监督，就是对公权力行使过程和结果的监督，监督方法是督促纠正违法行为。只有将对事监督与对人监督结合起来，才能发挥好检察权对行政强制权的防控职能。具言之，对行政强制措施合法性的监督，是为了纠正已经发生的行政违法行为，属于对事监督。同时，这种对事监督也蕴含着对人监督内容，即检察机关在查明行政强制措施违法行为的同时，应注意查明行政执法人员是否有主观过错，是否负有个人责任，经调查核实发现行政执法人员有职务违法行为的，应依法建议有关主管部门追究其法律责任，若涉嫌职务犯罪，应将线索移交监察委员会。②

2. 过程监督与结果监督相结合。检察机关应全方位开展过程监督与结果监督。其中，过程监督是指检察机关依职权或依当事人申请，参与到行政强制措施实施过程之中，一旦发现违法行为，即采取相应监督措施的监督；结果监督是指检察机关在行政强制措施实施完毕以后，经主动发现违法行为或经当事人申请而介入调查以纠正行政违法行为的监督。当前，在探索行政强制措施检察监督中，应将过程监督作为重中之重。主要理由有：

一是遵循检察监督规律的客观要求。从我国检察监督工作发展要求来看，目前的案后监督模式违背了法治监督规律，不利于检察监督督促纠正公权违法的及时性、实效性，只有尽可能保持监督与行政行为步调一致，才能尽快

---

① 参见王春业：《论行政强制措施的检察监督——以涉及公民人身、财产权益的行政强制措施为对象》，载《东方法学》2016 年第 2 期。

② 在我国监察体制改革中，检察机关的职务犯罪惩防职能已转隶到监察委员会，因此，结合各自职能特点，构建检察机关与监察委会员的协作配合机制，有利于形成惩治腐败的合力与威慑力。

纠举不法，实现监督效益的最大化，① 及时避免因结果监督的滞后性给公民人身、财产权益造成更大损害。

二是检察监督权的程序性特征不会导致不当干预行政强制权。只有在确认行政强制措施违法的情形下，检察机关才会依法提出纠正意见或检察建议，或建议追究违法行政人员的法律责任，而且，本质上，检察监督权只是一种程序意义上的督促纠正，不享有最终的实体处分权，只能通过行政机关自我纠错或相关主管部门予以纠正惩处。因此，只要行政机关严格依法行政，即使检察机关参与到行政强制措施实施过程，检察权亦不会不当干预行政强制权。

三是过程监督有利于实现监督与支持的双赢。在政府公信力需要进一步提高的新形势下，由于检察机关在行政强制措施实施过程中的角色是法律监督者，故有助于行政相对人相信行政强制措施的决定及实施具有合法性，亦给行政相对人提供了一条维护自身合法权益的救济渠道，不仅能够缓解行政相对人与行政机关的对抗抵触情绪，而且也证明行政机关主动接受监督，真正在法治轨道内实施强制措施的执法底气。

3. 个案监督与类案监督相结合。个案监督与类案监督相结合，是提升检察监督综合效果的必然要求。个案监督是检察监督的基本形式，对行政人员的监督，对行政强制措施程序及实体合法性的监督，都属于个案监督；类案监督是对个案监督的拓展，如对于多起违法行政强制措施中反映出来的同类错误，检察机关在深

入调研后一并予以监督或提出改进行政执法的工作建议，可以起到监督一案、纠正一片的源头治理效果。可以说，个案监督解决"点"的问题，重在治标；类案监督解决"面"的问题，重在治本。做好两者的结合工作，既能够促进行政机关依法行政，也能推进检察机关与行政机关在社会治理创新方面达成共识，共同推进法治政府建设，营造行政法治的"绿水青山"。

（二）优化监督机制，夯实行政强制措施检察监督发展根基

1. 健全案源发现机制。探索行政强制措施检察监督，拓展案件线索来源是首要问题。过程监督模式不仅是监督模式的重构，也意味着检察机关通过参与行政执法过程来及时获取更多的监督线索。目前，较为切实的做法是推进三项基本举措，以最大限度拓宽案件来源渠道：一是在法律制度层面，明确行政机关在实施行政强制措施后应在法定期间向检察机关备案。行政执法人员在实施强制措施的现场应明确告知当事人有要求检察机关到执法现场予以监督的权利。二是在协作配合层面，一方面，检察机关内设机构之间应加强对行政强制措施违法线索的移送与管理，统一由民事行政检察部门或行政检察部门管理，尤其要利用好派驻基层检察室、行政检察联络员等载体，广泛收集挖掘案件线索；另一方面，加强与其他机关的沟通交流与协作配合，建立信息共享、案情通报、案件移送制度等，提升案件线索获取几率。三是在引进公众参与层面，当前不少公众对检察

---

① 彭志刚、于伟香：《论基层检察机关民事执行检察监督制度》，载《新疆师范大学学报（哲学社会科学版）》2013年第6期。

机关的行政违法行为监督包括行政强制措施监督等职能了解不多，检察机关要创新宣传方式，大力宣传检察监督职能，传递检察机关"制约公权、保障民权"的法治正能量，赢得公众的信任支持，为行政强制措施检察监督的启动、运行与成效奠定民意基础。

2. 优化监督介入机制。一要明确监督介入时间。对于即时性强制措施和一般性强制措施中暂时控制财物类的情形，可采取结果监督，根据行政相对人的申请或自行发现线索启动监督程序，但是对于影响社会公共利益的行政强制措施，亦应注重运用好过程监督，及时予以介入。考虑到涉及公民人身自由的行政强制措施可能造成难以弥补的损害，对于一般性强制措施中的限制人身自由情形，应实施过程监督，依职权或相对人申请介入；对于即时性强制措施中的限制人身自由情形，也可依相对人申请实施过程监督，从而及时发现和纠正违法行政强制措施或防止损害的扩大。二要处理好检察监督与行政复议、行政诉讼的关系。笔者认为，在检察监督与行政复议之间，行政机关采取内部监督程序时，检察机关应尊重行政机关的自我纠错行为，原则上可以不再立案；但是如果存在某些情形影响行政机关内部监督公正性时，仍应发挥重要的监督作用。在检察监督与行政诉讼之间，由于法律规定行政相对人可以对涉及人身权、财产权的行政强制措施提起行政诉讼，因此，当事人可以自主选择是请求法院启动审判监督还是申请检察机关启动检察监督。如果选择检察监督后，行政相对人对监督结果仍不满意，依然可以向法院提起行政诉讼；如果首先选择了行政诉讼，行政相对人不服法院审判结果，则只能依行政诉讼监督程序申请检

察机关对行政强制措施进行间接监督。

3. 优化调查核实机制。调查核实是检察机关决定立案后作出监督措施前的重要前提，决定着检察监督的说服力、实效性与权威性。一要明确检察机关调查核实的权力属性。检察机关为依法监督行政强制措施采取的调查核实措施是一种公权力，其最鲜明属性就是强制性，凡是知道案情的人都有义务接受检察机关的询问，凡是持有相关证据的人都有义务按照检察机关要求提交相关证据。与刑事侦查中的调查权相比，检察机关的调查核实权强制性的差别在于，不可对被调查人采取限制人身自由的强制措施。二要明确调查对象。调查核实的对象是行政强制措施的合法性以及行政执法人员是否存在职务违法或职务犯罪行为，对于涉及行政机关自由裁量权的行政强制措施合理性则不作调查。三要明确调查核实的具体措施。检察机关可根据实际情况采取询问、查询、调取证据、查阅执法卷宗、委托鉴定等方式进行调查。在调查过程中，检察机关应当听取被监督行政机关及行政人员的陈述与申辩。特别是查明行政执法人员职务违法或职务犯罪行为时，在确有必要情况下应有权采取查封、扣压、冻结等限制财物的紧急强制措施。

（三）创新监督方式，提升行政强制措施检察监督公信水平

根据行政强制措施违法情节的轻重以及程序违法、实体违法等不同类别，检察监督可采取以下五种方式：一是检察提醒。针对最轻微违法的行政强制措施，检察机关在过程监督中可以通过书面形式或口头形式，善意提醒行政机关该强制措施实施后可能造成的危害，防

患于未然。二是纠正意见。对于行政强制措施存在程序违法情形的，检察机关应向行政机关制发纠正意见。行政机关收到纠正意见后，应启动相应处理程序，予以维持或纠正，并及时向检察机关反馈处理情况。三是纠正违法通知书。对于行政强制措施存在侵犯行政相对人合法权益情形的，检察机关应制发纠正违法通知书，并通知行政机关纠正。被监督行政机关无正当理由拒不纠正的，应及时向上一级检察机关报告，上一级检察机关应通报被监督机关的上级主管部门并建议其督促纠正。四是检察意见。对于发现行政执法人员涉嫌职务违法情形的，检察机关应向有关主管部门建议更换办案人或提出追究其法律责任的检察意见。如果行政执法人员涉嫌职务犯罪，则应将线索移送监察委员会。五是检察建议。在行政强制措施检察监督中，如果发现被监督行政机关在执法力度、管理制度、工作机制等方面存在漏洞或不足，可制发如完善制度的检察建议、类案监督的检察建议及自查自纠的检察建议等。必要时检察机关应对建议采纳落实情况进行跟踪回访。

诉讼式审查逮捕机制的构建

李洪亮*

"逮捕是司法机关依照正当法律程序在一定时限内暂时剥夺犯罪嫌疑人、被告人的人身自由并予以羁押的一种方法，是刑事诉讼中最严厉的强制措施。"[1] 在我国，逮捕即意味着较长时间的审前羁押。2012 年修改的刑事诉讼法第九十三条虽然规定了捕后羁押必要性审查制度，但适用比例较低，大量的犯罪嫌疑人仍然是逮捕后就处于羁押状态，直到法院作出判决为止。

"羁押期限，关系到犯罪嫌疑人、被告人在判决前人身自由被剥夺的时间长短，体现着一个国家对人权的重视程度和侦查取证能力与水平的高低。"[2] 基于上述原因，慎用逮捕措施尤为重要，而对我国的审查逮捕制度进行改造一直以来都是学术界和司法界均为关注的问题。本文结合检察司法体制改革探讨上述问题，并就构建诉讼式审查逮捕机制进行探讨，供大家参考。

一、传统审查逮捕模式的弊端

传统审查逮捕模式采取"三级审批制"，即由承办检察官对侦查机关移送的卷宗进行书面审查、摘录证据，提出是否逮捕的意见报侦查监督部门负责人审核，然后由检察长或检察委员会决定。存在的问题是：第一，我国宪法规定检察机关依法独立行使检察权，是指检察机关整体的独立性[3]，检察官本人在诉讼法上缺乏独立地位，案件办理职权主义特征明显；第二，承办检察官只是案件具体事项的承办者，没有决定权，检察官"未成为以判断权为根本特性，具有独立地位和决定权限的司法官"[4]；第三，奉行书面审查、单方面审查侦查案卷模式，实际上是侦查案卷主义，犯罪嫌疑人、被告人及其律师的辩护权难以得到保障；第四，由于实行三级审批模式，出现错案时，追责易出现推诿的现象。

二、审查逮捕程序诉讼化模式的初步要素

修改后的刑事诉讼法对审查逮捕制度作了完善，赋予审查逮捕程序诉讼化模式的初步要素，表现在：第一，讯问犯罪嫌疑人制

* 作者单位：广东省广州市花都区人民检察院。

① 孙谦主编：《〈人民检察院刑事诉讼规则（试行）〉理解与适用》，中国检察出版社 2012 年版，第 230 页。

② 孙谦：《关于完善我国逮捕制度的几点思考》，载《中国法学》2000 年第 4 期。

③ 龙宗智：《检察官办案责任制相关问题研究》，载《中国法学》2015 年第 1 期。

④ 龙宗智：《检察官办案责任制相关问题研究》，载《中国法学》2015 年第 1 期。

度。修改后的刑事诉讼法和《人民检察院刑事诉讼规则（试行）》规定了必须讯问犯罪嫌疑人的几种情形。通过讯问犯罪嫌疑人，认真听取犯罪嫌疑人的有罪陈述、无罪辩解以及控告、申诉，核实侦查机关没有注意（有时是刻意忽略）的案件细节，检察官可以审查犯罪嫌疑人的供述是否客观、真实，是否与其他证据相互印证，避免冤假错案的发生，并对犯罪嫌疑人是否真诚悔罪、人身危险性大小有一个理性认知，强化对犯罪嫌疑人社会危险性之判断的内心确信，从而有助于及时发现侦查中的违法行为，有效监督侦查活动。第二，听取辩护律师意见制度。在审查批捕阶段听取辩护律师的意见，有助于增强犯罪嫌疑人、被告人"对抗"检察机关的能力，打破审查逮捕的封闭性，强化司法审查的特性。

虽然增加了上述两项规定，但检察官对犯罪嫌疑人、被告人的讯问及听取辩护律师意见仍然是单方面进行，不具备诉讼式审查的基本形态。从司法实践看，审查逮捕阶段听取律师意见制度的实施效果较差，"在辩护率上，审查逮捕阶段律师辩护率非常低；在辩护效果上，律师对案件事实和证据的分析具有一定质量，但申请取保候审效果差，并存在无效辩护的情况"[1]。

综上，修改后的刑事诉讼法规定的审查逮捕制度只是增加了诉讼式审查的基础要素，仍需向诉讼式审查模式进一步推进。

三、入额检察官单独决定逮捕的缺陷

员额制改革后，检察官办案责任制逐步确立，检察官办案的权力和责任相应增加，越来越多的检察机关将一般案件的批捕权直接下放到入额检察官，由其单独作出审查逮捕决定，而重大案件和所有不批捕案件的审查逮捕权仍由检察长、检察委员会行使。这种做法有利于提高办案效率，克服三级审批制的诸多弊端，真正建立司法责任制。但"批捕权本属于司法审查职权，涉及宪法基本权利的重大限制，利益较为重大……如果仅由承办检察官作出决定，可能不够慎重，不符合'比例原则'，即涉及重大权益事项应当符合相应的正当程序要求"[2]，故这种做法的正当性值得商榷。同时，根据笔者在侦查监督部门多年的办案实践，认为由入额检察官单独决定逮捕存在一定的办案风险：第一，审查逮捕案件时间紧，且案多人少的矛盾始终不能得到有效解决，入额检察官即使再审慎，也难免会在个别案件的证据审查、事实认定或法律适用方面出现偏差，导致办案质量缺陷。由于检察官主观上不存在故意，也很难认定为重大过失，一般不会被追究责任，但办案质量缺陷却会损害犯罪嫌疑人的人身权益，不利于人权保护。第二，不同检察官的办案水平、经验不同，可能造成类似案件不同的处理结果，影响社会公平正义的实现。第三，由入额检察官单独作出审查逮捕决定，且在事实上仍采取封闭的方式审查，徇私舞弊的制度性风险会增加，而这是司法责任制所不能承受之重。

---

[1] 温馨：《审查逮捕中的律师辩护之实证研究》，载《法治论坛》2014年第3期。这里的"无效辩护"是指律师在检察机关作出是否批准逮捕的决定后才将相关辩护材料递交至检察机关的情况。

[2] 龙宗智：《检察官办案责任制相关问题研究》，载《中国法学》2015年第1期。

四、诉讼式审查逮捕机制的构建

（一）诉讼式审查逮捕机制的含义

诉讼式审查逮捕机制，是指对于审查逮捕的案件，由承办检察官组织侦查人员、犯罪嫌疑人及其近亲属、辩护人（辩护律师）、被害人及其诉讼代理人等相关人员到场，公开听取意见后依法作出逮捕与否决定的审查逮捕方式。

诉讼式审查逮捕机制由控方、承控方、听讼方同时参与，并贯彻直接言词原则，具备了基本的诉讼形态，逮捕羁押受到严格的司法审查，有利于实现审查逮捕的正当性要求。

承办检察官公开听取意见后依法作出决定，兼听则明的同时也让审查逮捕权在阳光下运行，从而有效减少办案风险。

（二）诉讼式审查逮捕机制的案件适用范围

我国的逮捕实际上相当于英、美、日等国家的逮捕加审前羁押，这些国家的审前羁押均需要经过司法机构的审查和授权，但该种审查并非一律通过诉讼式审查模式来进行。考虑到司法办案现状，案多人少的矛盾始终不能得到有效解决，加之逮捕案件期限较短，不可能所有审查逮捕案件都采取诉讼式审查逮捕机制。因此，笔者建议，诉讼式审查逮捕机制应主要适用于以下案件：（1）犯罪事实清楚，证据收集到位，在犯罪嫌疑人是否具有社会危险性上争议较大的案件；（2）侦查机关与犯罪嫌疑人及其辩护人对案件事实、证据认识存在严重分歧，特别是犯罪嫌疑人供述与其他证据存在突出矛盾的案件；（3）社会影响大，广受关注的案件；（4）根据宽严相济刑事政策，需要且可能达成刑事和解的案件；（5）未成年人犯罪案件；（6）其他经审查认为可以进行诉讼式审查逮捕的案件。

（三）诉讼式审查逮捕机制的审查程序

首先，承办检察官向参与人介绍案情，介绍案情应简明、客观，突出焦点问题。其次，由当事人围绕焦点问题进行发言：（1）被害人作陈述，犯罪嫌疑人作供述和辩解；（2）诉讼代理人、辩护人相应发表意见；（3）侦查人员、鉴定人发表意见；（4）承办检察官针对案件的焦点问题对被害人、犯罪嫌疑人、侦查人员、鉴定人进行询问，并对焦点问题作进一步总结。最后，在听取各方意见后，承办检察官原则上应当场对是否符合逮捕条件作出说明，并提出是否批捕的倾向性意见；特殊情况下，可以在诉讼式审查结束后提出是否批捕的倾向性意见，并将详细理由告知相关参与人，做好释法说理工作。不论哪种方式，均应将诉讼式审查的结果作为是否作出批捕的重要依据。

（四）构建诉讼式审查逮捕机制的辅助机制

一是适当增加侦查监督办案力量。随着检察人员分类管理改革的深入进行，虽然逐步增加了检察辅助人员，但部分检察辅助人员的归属感较差，办案时缺乏积极性与责任心。且检察辅助人员的流动性较大，一定程度上也会影响整体办案质量。此外，由于办案责任制规定得越来越细，入额检察官对每个案件都要反复斟酌，压力较大，导致办案效率明显降低。基于此，如果在维持原有办案力量的情况下推行诉讼式审查逮捕机制，势必流于形式，故适当增加侦查监督部门的办案力量尤为必要。

二是设置诉讼式审查逮捕的办案组织。侦

查监督部门的办案组织，一般实行独任检察官办案组织形式，由 1 名入额检察官加 1 名检察辅助人员（检察官助理或书记员）组成。考虑到案件类型、难易程度，在侦查监督部门相对固定设置几个检察官办案组，每个办案组由 2 名入额检察官加 2 名检察辅助人员（检察官助理或书记员）组成。办理诉讼式审查逮捕的方式分为两种：（1）对于较为简单的案件，实行独任检察官办案组织形式，由入额检察官主持，并最终作出审查逮捕决定。（2）对于较为复杂的案件，由检察官办案组办理，原则由承办检察官主持，部门负责人或者主管副检察长参加的，则由部门负责人或者主管副检察长主持，并最终作出审查逮捕决定。

三是加强跟踪监督，构建考评机制。对于采取诉讼式审查机制的审查逮捕案件单独归档，加强跟踪监督，评估办案效果。对采取诉讼式审查逮捕机制办案并取得良好效果的承办检察官进行量化加分，作为年度考评、等级晋升、上级遴选的重要依据。

浅析电子数据的举证原则与方式

陈鹿林 *

随着信息技术的快速发展，电子数据在刑事司法领域发挥越来越重要的作用。电子数据客观性强、精确度高，对认定案件事实具有无可替代的作用。同时，电子数据具有虚拟空间性，[①]信息量极其丰富，证据形式多种多样，在庭审中如何以恰当的方式举证示证，直接影响庭审效率和公诉人出庭效果。2016年9月，最高人民法院、最高人民检察院、公安部联合发布的《关于办理刑事案件收集提取和审查判断电子数据若干问题的规定》（以下简称《电子数据规定》）对电子数据举证作出原则性规定，本文结合该规定，就电子数据的举证原则和方式作粗浅分析，以供实践参考。

一、电子数据举证原则

（一）客观示证

客观公正是司法的基本价值之一，体现在庭审举证阶段，就要求举证时应当确保证据的完整性、客观性，在展示证据时，不应曲解证据的原本内容，不应背离证据的真实含义，也不应仅仅为了实现指控犯罪的目的而人为地对证据断章取义。

客观示证原则可以从以下三方面理解：第一，从形式上看，在条件允许情况下尽量展示电子数据的原始形态。电子数据以电子化、数字化形式存在，庭审中也应尽量以电子化、数字化方式展示，尤其是针对一些带有声音、图片、动画的电子数据，更应当展示这些证据的原貌，而不是转化为其他形式（如书面文字）出示。第二，从内容上看，尽量展示电子数据的原始内容。例如，司法实践中常常将监听资料转化为书面材料使用，取证人员在听取相关录音后，常常会根据被监听者对话所表达的意思进行概括性记录，这就违背了客观示证原则，因为对话本身的内容与对话要表达的意思有时并不一致。当然，这里的原始内容强调的是电子数据中拟当作证据使用的那部分信息对应的原始内容。第三，庭审举证中，必要的概括说明有利于提高举证的针对性。进行举证说明时，应尊重电子数据的原义，不应过度解读其信息内容。

（二）详略得当

一方面，庭审举证的任务就是围绕案件事

---

* 作者单位：浙江省宁波市人民检察院。
① 刘品新：《电子证据的基础理论》，载《国家检察官学院学报》2017年第1期。

实，从证据中获取有价值、有关联的信息，从而实现指控犯罪的目的。然而，各个独立的电子数据又是分散的、孤立的，即使是单份电子数据也可能包含着海量信息。如银行交易清单、手机通话清单，其信息动辄几百条、上千条，而微信、QQ 等即时通信工具所形成的聊天记录，转化成书面材料时也是几页甚至几十页，不同主题的内容交错分布其中。面对这些信息量极大的电子数据，如果没有一定取舍，很难通过举证达到证明事实的目的。另一方面，庭审效果也是举证要达到的重要目的。公诉人对证据进行必要提炼与合理组合，可以让审判者、被告人及其辩护人、被害方以及旁听人员等对事实作出合理判断。因此，公诉人在举证时，应当根据电子数据的重要性、证明力、逻辑性等因素对证据的出示过程进行合理分组、有效排序以及适当取舍，力求逻辑清晰、重点突出。

（三）二者的关系

客观示证与详略得当的要求并不矛盾。客观示证旨在强调保持电子数据的完整性、客观性，尽可能将电子数据的原始状态展示出来，以便当事人和其他庭审参与者了解电子数据的来龙去脉。而详略得当则要求在遵循客观公正的基础上，对与案件事实关联性大、内容重要的电子数据重点出示，对重要证据的来龙去脉完整展示。

然而，在实际庭审举证中，两者又容易发生冲突。过于机械地强调客观示证，可能会陷入举证时面面俱到、重点不明的情况；过于强调详略得当，又可能会断章取义。协调好两者关系，可以按如下方式展开：第一，凡是与案件有关联的电子数据都应当逐一出示，当然关联性小的证据可以简明扼要地出示。第二，对于与案件的主要事实、当事人否认的事实以及其他与案件争议焦点关联性大的电子数据，要突出举证、详细举证。第三，对于前述的重要电子数据，除了出示实体内容外，对电子数据的来源、生成时间、获取方式、保管过程等内容也应相应出示，以确保其完整、客观，确保其合法性、真实性。第四，对不同电子数据之间的关联性以及电子数据与其他证据之间的关联性进行简要分析、说明，以突出电子数据的证明内容，提高举证的针对性，为后续质证和辩论打下基础。

二、电子数据举证方式

（一）直接出示与转化出示

根据庭审所展示电子数据的形式，电子数据举证方式可以分为直接出示和转化出示。所谓直接出示，是指以电子形态将电子数据的原始状态直接展示出来。所谓转化出示，是指将电子数据的内容转化成可以直接阅读、感知的书面材料（包括书面打印件、勘验检查笔录、鉴定意见）进行出示。

1. 直接出示。随着科技的进步，多媒体示证在实践中越来越普及。而电子数据本身依附有形的存储介质和虚拟的网络空间存在，运用多媒体示证具有更为得天独厚的优势。电子数据的直接出示也以多媒体示证为主，以其他方式为辅。具体而言，可以分以下两种情形：

一是使用存储电子数据的原始电子设备出示。比如，从当事人处扣押一部手机，手机上有与案件事实相关联的短信、照片、通话记录等，在庭审举证时可直接打开手机予以展示。

当然，由于电子数据极易被篡改，除非确有必要，一般不主张这种出示方式。更为重要的理由是，电子数据取证的一般原则是不直接针对原始存储介质进行操作，[①] 在收集固定阶段尚且难以直接进行，在举证阶段就更受限制。

二是使用专用电子设备出示。比如，侦查员取证时将相关电子数据固定于特定的光盘、移动硬盘或 U 盘等可存储设备中，举证时借助电脑、投影仪等特定设备，将上述已经固定的电子数据在庭上展示、播放。

司法实践中，直接出示运用最广的是视频监控。此外，电子数据直接出示具有一定的专业性，根据《电子数据规定》和庭审的实际需要，可以聘请专业技术人员协助出示。

2. 转化出示。直接出示一目了然，客观完整。但是，由于电子数据形式多样，再加上许多客观条件限制，实践中更多的电子数据无法直接出示，而需要转化为其他形式进行出示。司法实践中，电子数据的转化出示主要有以下几种情况：

一是在取证环节通过打印等方式直接以书面材料的形式将电子数据固定在案。例如，从银行处调取资金交易记录时，由银行直接打印并以书面材料的形式移交侦查机关，直接用于后续的查阅和庭审举证。

二是在取证环节以电子形态固定证据，要么直接扣押原始存储介质后再提取电子数据，要么直接提取电子数据后固定于光盘等存储介质中随案移送。这些电子数据本身可以直接展示，但为了便于查阅或者因相关办案机关客观条件的限制，仍然将其打印成书面材料随案移送，并在庭审中展示。

三是当电子数据无法直接转化为书面材料时，由专业人员通过勘验检查或鉴定的方式获取电子数据，形成相应的勘验检查笔录、鉴定意见等书面材料并固定在案，在庭审中出示。例如，在"快播"案中，公诉人就通过转化出示的方式对电子数据（即服务器中的淫秽视频）进行举证：一方面，通过出示电子勘验检查笔录及其对应的清单来证明从涉案四台服务器中获取大量视频文件；另一方面，通过淫秽物品审查鉴定书来证明有大量淫秽视频。

（二）原文出示与归纳出示

根据所展示电子数据的内容状态，电子数据举证方式可以分为原文出示和归纳出示。所谓原文出示，是指将电子数据中用作证据使用的信息内容所对应的原文直接展示出来。所谓归纳出示，是指电子数据的信息内容按照所要证明的对象以及一定的逻辑关系进行必要归纳整合后进行出示。

1. 原文出示。原文出示并非将电子数据的所有原始内容展示出来，而是截取与案件有关联的、拟作为证据使用的相关信息，在法庭上原原本本展现。其优点是最大限度尊重电子数据的原貌，在出示过程中尽量减少人为因素造成的对证据信息的误解、误判。需要指出的是，在原文出示电子数据后，还应当对原文所反映的内容或可以据此直接推导的事实予以必要说明，以增强庭审举证的针对性。以郑某鹏走私

[①] 文卫疆：《刑事电子数据出示问题研究》，湘潭大学 2013 年硕士学位论文。

普通货物案件为例。郑某鹏以低报价格的手段从日本进口婴儿纸尿裤，其通过 QQ 与在日本的出口代理商协商货物采购、单证手续的详细过程。QQ 聊天记录显示，郑某鹏告诉代理商"最多到岸价 1600 元，然后从你公司开发票低一点还可以做"，代理商回复"9 月有一柜，到岸价 1620，现在我按照 1300 开票"。庭审中，直接出示上述聊天记录，可以很好地反映郑某鹏故意低报价格的事实。

2. 归纳出示。基于客观公正的要求，侦查机关常常需要完整、全面地调取证据的原始内容。对这些证据材料如果仍然以原文出示，不但会影响庭审效率，也会影响举证的针对性。因此，可以进行必要的归纳整合，将其中与案件关联较大的重点内容予以出示。具体而言，归纳出示可以分为两个步骤：第一步出示证据的形式要件，如在出示微信记录时，概要宣读谁的微信账号、什么时间的内容、侦查机关如何提取等。第二步出示证据的实体内容，即直接宣读对电子数据进行一定归纳与组合后得出的结论性内容，让听者对电子数据的主要内容以及所要证明的对象形成清晰认识。

实践中，仅凭单份电子数据归纳案件关联信息的情况不多，往往需要将不同电子数据中有关联的信息内容整合在一起，按照所要证明对象及一定逻辑顺序予以归纳，才可大大提高庭审举证的针对性，也便于被告人、辩护人对关联证据进行整体质证。例如，在毒品案件中常常需要出示转化为文字材料的监听资料，而与监听资料密切相关的则是对应的通话清单，庭审举证中，一方面运用通话清单归纳重点电话号码的通话情况，以证实监听对象在相应时间段内确实存在通话；另一方面归纳监听资料的具体信息，以证实当事人之间关于毒品交易的具体内容。需要强调的是，在归纳出示时仍然应当尊重电子数据的原义，不应过度解读，超出证据本身可能涉及的含义。

（三）单独出示与组合出示

刑事案件中每一类证据并非孤立存在，往往需要与其他证据存在一定关联性，才能作为定案根据。电子数据亦是如此。在庭审举证中，将电子数据与其他证据相结合一并出示，既有利于证明相关案件事实，也便于法庭组织控辩双方质证。与组合出示相对应的则是单独出示。

司法实践中，比较典型的组合出示就是电子数据与查扣的原始存储介质（即电子物证）组合出示。先按照物证规则出示原始存储介质原件或者实物照片，出示获取实物的相关法律文书（如搜查笔录、扣押清单），说明实物的来源、特征或特定序列号，并由相关当事人辨认。接着出示原始存储介质在保管、转移过程中相关封存清单、使用记录等证据，以证实相关电子设备得到合理保管、合法使用。在确认原始存储介质来源合法、有效保管、与案件当事人或案件事实有关联的基础上，再进一步出示电子数据的具体内容。例如，在"快播"案中，公诉人较好地运用组合出示方式，综合运用与涉案服务器有关的证人证言、合作协议、执法文书、流转扣押手续材料，证实所扣押的四台服务器的扣押、流转过程。在取证程序确实存在瑕疵的情况下，又补充大量情况说明以及鉴定意见，证实相关电子数据（即服务器中的淫秽视频）客观真实，且与被告单位快播公司具有关联性。

电子数据提取、审查、判断应注意的问题

彭　胜*

一、正确认识电子数据的复杂性

电子数据是一种由高新信息技术产生的证据形式，是指基于计算机应用、通信和现代管理技术等电子化技术手段形成的客观资料，包括文字、图形符号、数字、字母等。严格地说，在收集、固定和审查、判断由电子数据构成的证据时，我们见到的是电子数据的外在表现形式，诸如视频、音频、图片、文档等人类能够解释的形式，而不是电子数据本身。电子数据本身则是由数量巨大的二进制数据组成，并基于改动痕迹不易直接发现的特点，容易出现伪造、变造等情形。

随着大数据时代的来临，数据存储和交换的需求越来越大，存储的介质越来越多，其表现形式纷繁复杂，极具衍生性与扩展性。与传统的实物证据（如书证、物证等）相比较，电子数据具有数字性、巨量性、隐蔽性、易变性、脆弱性和载体多样性等特点。同传统意义上提取书证、物证一样，电子数据也需要借助一定的工具从存储介质中提取出来，才能作为证据使用。而对于存储介质的取证，属于计算机取证，是对存储介质中的数据进行提取、分析，形成证据的过程。虽然最高人民法院、最高人民检察院、公安部制定了《关于办理刑事案件收集提取和审查判断电子数据若干问题的规定》（以下简称《电子数据规定》），对电子数据的取证程序作出了规定，但在技术上缺乏标准规范，加之取证工具较少，且实践中不少收集和校验电子数据的工具存在程序上的错误或者缺陷，导致析取数据结果出现错误。

在司法实践中，对于电子数据的取证还涉及过程、方法、工具、环境和人员五个方面的安全因素，缺乏其一都将最终影响电子数据的合法性、客观性和关联性。与此同时，由于计算机系统、网络系统所具有的内在复杂性，针对同一电子数据可能得出诸多不同的结论，如用以证实犯罪的某个电子数据、文件被植入病毒，犯罪嫌疑人利用合法 IP 地址隐藏自己等，因此，为得出正确结论，还需要提供其他的佐证信息。

电子数据虽不同于刑事诉讼法规定的物证、书证，但其也存在于一定的载体中，如网络云端、服务器、本地磁盘等，所以应当将计算机和网络等信息存储介质视为物质性犯罪现场，采取科学方法保存、记录并进行搜索，在获取与犯罪有关的电子数据后，除了要

---

* 作者单位：贵州省安顺市平坝区人民检察院。

满足防尘、防磁、防高热等基本保存条件，还应建立妥善、完整的证据保管链条，防止提取、储存、传递、鉴定、出示等环节出现人为或者环境因素的影响而导致其丧失合法性和真实性。

二、电子数据提取、审查、判断应注意的问题

（一）以证据裁判规则为引领

以审判为中心的诉讼制度改革核心要求就是严格贯彻证据裁判规则，严格依照法律规定、现有的证据裁判原则来提取、审查案件的证据。在证据的认定上，通过控辩双方的举证、质证、法庭辩论环节，以庭审为最终检验，发挥决定性作用，实现"看得见的正义"。电子数据作为法定证据，对其提取、审查、判断同样应当贯彻证据裁判规则。

就目前司法实践而言，一般情况下，犯罪行为发生以后，对相应的电子数据的取证系事后调查取证，其取证手段为搜查、扣押、封存等，属于普通刑事侦查程序的规范范围，对这类案件中的电子数据适用《电子数据规定》，能够较好地贯彻证据裁判规则。需要引起注意的是，在一些较为隐蔽的犯罪如毒品犯罪和即时通信中发生的犯罪如电信诈骗犯罪中，电子数据作为客观性证据因其能够客观、准确证明案件事实，成为侦查机关获取证据的重要方向。对这类案件电子数据的取证工作，往往与犯罪行为实施过程同步，加之这类取证工作所使用的手段与技术侦查措施在很大程度上相互重合，应当坚持在刑事诉讼法的范围内理解、执行《电子数据规定》，结合对技术侦查证据合法性

审查判断的内容合并进行审查、判断，以符合"以审判为中心"的实质要义。

（二）坚持综合审查相互印证的原则

电子数据作为客观性证据，只要依法取得，证明的事项不因时间、地点、条件和相关人员的变化而变化。但是电子数据具有易改性，在复制、传输、存储过程中易遭到破坏、篡改、添加、删减等，即使没有人为故意，在每一次复制、传输中均有增大失真的风险，从而损害电子数据的完整性和真实性。而破坏、篡改、添加、删减电子数据的行为具有隐蔽性和技术性，不易被察觉，故"两高三部"《关于办理死刑案件审查判断证据若干问题的规定》第二十九条规定，对电子证据，应当结合案件其他证据，审查其真实性和关联性。司法实践中，对电子数据的审查应当重点听取电子数据制作者、提取人、见证人的意见，同时结合对该电子数据的鉴定意见以及案件的其他证据来综合判断，坚持排除证据与证据之间，证据与案件事实之间的合理怀疑。

此外，对电子数据的综合审查判断必须坚守"孤证不能定案"的底线。司法实践中，常常有直接的目击证人提供证词或是当庭指证被告人的犯罪行为，虽然这类证据受证人的表达、记忆以及个人情感等诸多因素的影响存在不同程度的瑕疵，但不可否认的是，这类证据对于增强法官和检察官的内心确认有着直接的影响。现实中，大量的高清摄像头所记录的犯罪过程，对于还原案件事实，案件侦破、起诉、审判起到了至关重要的作用，与直接目击证人的证词甚至犯罪嫌疑人、被告人的供述相比较，足够条件下高清摄像头形成的证据更为采信。也因

此，在获取此类证据后，通常情况下，无论是侦查人员还是检察官、法官对案件事实证据的基本认为铁证如山，久而久之便逐渐形成一种依赖。我国在刑事诉讼中对证据的运用规则最为突出的特点是讲求"印证证明"，即孤证不能定案。也就是把电子数据与传统证据结合起来，综合审查物证、书证、勘查笔录、证人证言、犯罪嫌疑人的供述及辩解、鉴定意见等，最终形成完整的相互印证的证据体系。

（三）注意审查电子数据与案件事实间的论证方式

"互联网＋"时代的到来，促使犯罪侦查和控制模式正在发生根本性变革，实践证明，利用大数据帮助侦查人员分析历史案件、发现犯罪趋势和犯罪模式；通过分析城市数据源和社交网络数据，预测犯罪，优化警力资源分配，提升犯罪侦查和控制能力，从而提高社会和公众安全水平是未来的发展方向。大数据集合了众多相关的电子数据，比普通提取的少数、个别电子数据更具证明力，但需要注意的是，大数据强调相关关系，分析数据，挖掘规律，作出预测，是一种数据分析计算过程，而不是逻辑证明过程。数据分析计算的结果是一种可能性，而逻辑证明的结果是一种必然性，两者截然不同。司法实践中，证明逻辑强调的是因果关系和排除合理怀疑。大数据可以为侦查工作提供指引，但代替不了刑事诉讼证据。即使通过大数据确定了犯罪嫌疑人，也必须把大数据的算法体系转化为刑事诉讼证据体系，把数据确定转换为证据确定。

（四）慎重决定对电子数据的鉴定

电子数据的特点之一是专业性、技术性强，大多数的法官、检察官对于电子数据的真实性、完整性以及电子数据生成系统的可靠性等问题无法判断，需要依靠专业人员借助专门技术作出专业判断，也就是进行司法鉴定。刑事诉讼法将决定是否鉴定的权力赋予了司法机关，随着司法责任制的落实，入额后的检察官、法官需要独立行使权力，并承担相应的司法责任。一些检察官、法官为了达到风险最小化，面对这类专业问题往往提交进行鉴定。但这里往往会忽视另一个问题，司法鉴定人作为专家证人，其提供的鉴定意见本质上还是证言，毫无疑问地会受到主观因素的影响，一旦受到质疑，是重新鉴定还是就此认定？实践中，经过两次以上鉴定的，几乎没有鉴定意见一致的情况，加之鉴定人之间并无从属关系，从而使案件陷入僵局。因此，实践中，要不要对电子数据进行鉴定还需要结合案件其他证据审查的情况，需要依靠检察官、法官的辩证思维与逻辑判断。事实上，在分析判断案件事实证据的过程中，如果电子数据能够与其他证据相互印证，且能够排除合理怀疑，一般不需要对电子数据进行鉴定；相反，如果证据之间存疑，且不能排除合理怀疑，需要进行鉴定。

随着大数据时代的到来，电子数据作为证据将会更多地进入刑事诉讼并将对刑事诉讼证据体系发展带来深刻的变革，我们只有不断地加强学习和研究，深入探索其发展变化的特点和规律，才能使之服务于公正司法，服务于维护公平正义。

认罪认罚从宽制度的检视与完善

叶文胜　邓洪涛　张　倩*

认罪认罚从宽制度既是对我国宽严相济刑事政策的制度承接，也是对我国刑事程序质效合一的司法优化。在刑事法域的框架内专门研究这一问题，需要我们将刑法和刑事诉讼法联系起来作整体把握，将认罪认罚从宽与不认罪不认罚从严结合起来作均衡设计，将公检法司等刑事司法和执行机关统合起来作系统布局。

一、认罪认罚从宽概念的厘定

结合目前的立法精神和规定，认罪应当意指犯罪嫌疑人、被告人在刑事诉讼中自愿向刑事司法机关承认自己所犯的罪行。认罪成立的条件应当包括两项：一是内容要件，即对案情作何样陈述理当从宽处理；二是时间要件，即何时认罪理当从宽处理。在时间维度上，应当以刑事判决作出前为限，而且随着认罪时间的延迟，其认罪对司法成本的节省效应会逐渐衰减，其从宽处理的幅度也随之衰减。在内容维度上，应当以犯罪嫌疑人、被告人承认被指控的犯罪为最低限度，根据其供述的主动程度和全面程度之不同，相应地调整从宽处理的幅度。

为了获得从轻处理，也有可能基于真正的悔悟，犯罪嫌疑人、被告人在认罪认罚的同时

可能还会悔罪。其表现形式主要为：一是具结悔过，向刑事司法机关明确表示悔悟，这是最基本层面的悔罪形式；二是积极弥补和恢复由于自己罪行给社会和被害人造成的各种损失，包括赔礼道歉、退赃和赔偿损失；三是积极为社会创造正价值，包括各种立功表现。与认罪相比，悔罪指代的客观情况是有差异的，这是其独立于认罪而存在的根本理由。虽然不悔罪不影响对认罪的判断，但是第一、二种表现形式的悔罪对于在法律上判断是否认罪具有补强作用。与认罪相比，悔罪是基于认罪才可能作出的，与认罪存在着无法割裂的联系。悔罪能在不同程度上缝合被害人创伤、恢复社会和谐、创造社会价值，恰与现代刑事司法兼顾考虑的重要价值相契合。从司法办案既要注重法律效果又要注重社会效果的宗旨出发，也基于认罪和悔罪之间的有机联系，我们认为，应当将悔罪作为认罪认罚从宽制度的组成部分予以统一考虑和安排。

认罚应当意指即将被判处刑罚的被告人能够真正自觉或主动履行刑罚或者判决所带来的各种强制性义务，具体包括：（1）主动接受服刑场所和矫正部门的教育改造管理；（2）主动

---

* 作者单位：北京市丰台区人民检察院。

遵守刑法关于管制、剥夺政治权利、缓刑和假释的限制性、禁止性规定；（3）积极缴纳罚金；（4）积极履行法院判决的民事赔偿义务。从宽应当意指刑事司法机关在法定限度内，针对犯罪嫌疑人、被告人作出的认罪悔罪认罚行为，给予其无损于公平正义的宽缓化处理。

二、认罪认罚从宽制度的现实问题

（一）认罪悔罪体系不完善

1. 刑法总则缺乏独立条款对退赃退赔、积极赔偿损失情节予以明确。司法实践中，犯罪嫌疑人、被告人具有退赃退赔、赔偿损失情节时，对其予以从轻从宽处理已经成为不争的事实，然而刑法一直没有将这一情节设计为法定的从宽处罚情节，仅在刑法分则中将贪污罪的悔罪确定为法定从宽处罚情节。贪污罪中的退赃，本质上仍然是一种赔偿损失，只不过此时的赔偿对象不是公民和法人，而是国家。既然向国家赔偿损失被法定为从宽处罚情节，没有理由不将向公民和法人赔偿损失也法定为从宽处罚情节。此外，刑法总则未对退赃退赔和赔偿损失情形予以明确，也使《最高人民法院关于常见犯罪的量刑指导意见》（以下简称《量刑意见》）中关于退赃退赔、赔偿损失的从宽量刑规定处于"无法可依"的境地。

2. 量刑阶段的立功制度还需完善。目前，根据刑法规定，量刑阶段的立功表现仅包括两种形式：一是揭发他人罪行查证属实，二是提供重要线索促使侦破其他案件。这种设计面临的质疑是：若犯罪嫌疑人在取保候审期间有减刑制度中规定的阻止他人重大犯罪活动、舍己救人、积极抵御自然灾害或排除重大事故，以

及其他重大贡献的情形，有什么理由不对此认定为立功，并在量刑时作从宽考虑？

（二）从宽体系不完善

1. 认罪悔罪的从宽规范还不够精细。《量刑意见》在对自首和坦白等认罪情节的从宽量刑规范中，将悔罪作为一项考虑因素，而在积极赔偿经济损失这一悔罪情节的从宽量刑规范中，又将认罪作为一项考虑因素。这种将认罪和悔罪予以糅杂的设计，仍然是因为没有确立认罪和悔罪这两个概念的独立性所致，实践中容易导致量刑的随意性或者不均衡性。

2. 认罪悔罪的从宽效力未及于强制措施。如前所述，传统的强制措施制度主要是立足于防止犯罪嫌疑人、被告人危害社会或者妨碍诉讼，但是忽视了不同等次的强制措施实际上也构成了对犯罪嫌疑人、被告人人身权利的影响，更没有考虑是否可以通过在强制措施制度中引入认罪悔罪从宽制度，从而在实现既定目标的同时，还能达到既促进犯罪嫌疑人、被告人认罪悔罪，又适当降低审前羁押率等多重效果。目前"两高两部"《关于在部分地区开展刑事案件速裁程序试点工作的办法》在这方面已经实现了一定程度上的突破，意味着从制度层面将认罪悔罪从宽政策贯彻到强制措施制度抑或可行。

3. 认罪悔罪的从快效力在法律层面仅及于审判阶段。目前，认罪仅仅是简化和提速了法院的审判程序，但是这种从快效力没有及于检察环节和侦查环节。这种制度现状可能主要源于固有观念，即往往觉得侦查和检察机关的主要任务就是收集和夯实证据，如果因为犯罪嫌疑人认罪就简化办案程序，很可能导致侦查

和检察机关又回到重口供轻其他证据的不良司法状态。我们认为，对于重口供，要用一分为二的辩证思维来看待。客观上讲，任何案件的犯罪嫌疑人承认被控诉的事实，对于案件决断者而言无疑都有着积极意义。问题的关键不在于是否重口供，而在于用怎样的方式获得犯罪嫌疑人供述。如果能够通过正当的程序设计，确保犯罪嫌疑人不是因被采用非法方法而作出供述，那么这种供述就应当具有简化侦查和检察办案环节的法律效果。而且刑事诉讼法第五十三条关于只有口供没有其他证据时不能定罪处刑，没有口供但其他证据确实充分时可以定罪处刑的规定，也倒逼侦查和检察机关不能唯口供是举。

4. 从宽制度还不够健全。目前从宽体现在减刑和假释两项制度上。其中，减刑针对的刑种包括管制、拘役、有期徒刑和无期徒刑，假释针对的刑种包括有期徒刑和无期徒刑。此外，对于两种类型的剥夺政治权利也具有从宽规定：一是根据刑法第五十五条第二款的规定，附加于管制刑的剥夺政治权利与管制刑期限相等，同时执行，这意味着如果对管制刑进行减刑，那么附加的剥夺政治权利刑也相应被减；二是根据刑法第五十七条的规定，当死缓减为无期徒刑，或者无期徒刑减为有期徒刑时，剥夺政治权利的期限从终身减为三年以上十年以下。以下四种剥夺政治权利则缺乏从宽规定：（1）独立适用；（2）附加于拘役；（3）附加于原判主刑为有期徒刑；（4）因主刑从死刑减为无期徒刑，或者无期徒刑减为有期徒刑时，随之被减为三年以上十年以下附加适用。我们认为，随着社会整体权利意识的不断强化，对剥夺政治权利应当设置相应的从宽规定。此外，

《最高人民法院关于办理减刑、假释案件具体应用法律若干问题的规定》虽然弥补了刑法对积极执行财产刑和履行赔偿民事损失义务从宽制度的空白，但是仅规定了"可以从宽掌握"，在减刑和假释中具体如何操作还缺乏进一步的规则。

三、完善认罪认罚从宽制度的构想

（一）进一步完善认罪悔罪体系

目前刑法和《量刑意见》等构建了由自首、坦白和当庭自愿认罪构成的认罪体系。我们认为，可以在现有理论模型的框架下作进一步整合。基于司法可操作性的角度以及司法成本节省效应的程度，确立以下制度规范的设计思路：

1. 在刑法总则中明确规定认罪悔罪的概念和构成要件，确立从宽量刑的总体幅度。

2. 在《量刑意见》中针对是否主动投案、认罪时间、内容完整性、供述稳定性等四个要件，确立相应的量刑从宽幅度。

3. 在《量刑意见》中确立最完整的认罪形态——在侦查阶段乃至立案之前主动投案、主动完全供述侦查机关尚未掌握的犯罪事实，并且在整个诉讼过程中一直保持该供述的稳定性。

4. 在《量刑意见》中确立司法成本节省效应趋零的认罪形态——未主动投案，在审判阶段启动以后、判决作出以前被动供述或承认司法机关已经掌握的犯罪事实。

5. 对于其他程度的认罪形态，结合前述2、3、4项在《量刑意见》中设计相对合理、精细的量刑规范，相应地将《量刑意见》中现有的自首、坦白和当庭自愿认罪的规范予以调整或者删除。

（二）进一步健全和完善从宽体系

1. 目前可先针对非严重刑事案件加大认罪认罚从宽制度的适用力度，促进消除犯罪嫌疑人、被告人与刑事司法机关之间的诉讼对抗，促进繁简分流和轻微刑事案件的快速办理；同时进一步细化从宽量刑规范，促使从宽量刑的结果更易为犯罪嫌疑人、被告人和辩护人所预测；进一步加强对财产刑和民事赔偿责任的从宽量刑和减刑规范建设，并健全剥夺政治权利认罚从宽的制度体系。

2. 在强制措施的适用中适当引入认罪认罚从宽制度，强化犯罪嫌疑人、被告人认罪悔罪在适用取保候审和监视居住中的作用。具体制度设计上，应根据认罪悔罪的程度和形态决定采取何种强制措施。非严重犯罪且认罪悔罪形态最完备的，应当适用取保候审；次之的形态可以适用取保候审，也可以适用监视居住。决定逮捕的，必须有明确的证据证明其存在刑事诉讼法规定的五种危险性，否则不应当逮捕。这种明确规范具有三个方面的重要意义：一是突出了认罪在强制措施方面的从宽处理政策，有利于促使犯罪嫌疑人、被告人认罪。二是当犯罪嫌疑人、被告人一旦出现法定的五种危险时，司法人员能够依据法律规定免除责任风险。换言之，办案风险由司法风险转化为制度风险，进而强化司法人员适用取保候审的驱动力。三是能够衡平对坚持无罪辩解之人的强制措施处理。避免出现同等情况下不认罪被取保候审、认了罪反而被逮捕的不合理现象。此外，对于坚持无罪辩解之人，在制度设计上应当区别对待，既要注重强制措施适用的整体均衡性，又应避免形成"因认罪态度不老实而将其逮捕"的司法误区。

3. 在轻微刑事案件办理中，对于认罪认罚的偶犯、初犯、未成年人等人身危险性不大和再犯可能性不大的罪犯加大不起诉、独立罚金刑、管制刑和缓刑的适用力度，并以法律的形式适当确认此类案件中简化刑事司法办案程序的效力，促使案件分流和提速。

具体而言，对于上述案件，不但可在审判环节考虑吸收和借鉴国外的处罚令程序，也可适当考虑在检察环节设计如下简化办理程序。（1）侦查机关在侦查阶段应查明以下情况：犯罪嫌疑人是否为初犯、偶犯，是否为未成年人，是否认罪悔罪；被害人是否有明显严重过错，若有应当注明。（2）侦查机关在侦查终结移送案件至检察机关时，应在移送意见书中表明建议起诉还是不起诉，是否建议从宽处理。（3）检察人员在审阅卷宗完毕后，认定事实清楚、证据充分，嫌疑人系初犯、偶犯且有认罪悔罪情节，可以作不起诉处理或者可能被判处独立罚金刑、管制刑或者缓刑，可在第一次讯问犯罪嫌疑人时启动认罪悔罪认定程序[①]，第一次讯问时值班法援律师应当在场。（4）经过认定程序形成的犯罪嫌疑人认罪悔罪的意思表示即产生简化检察环节办案工作的法律效力，检察人员可据此简化对案件其他证据的实质审查，精简结案报告的制作，在3日内作出不起诉或者起诉决定，并建议法院采用现行的速裁或者类似于国外处罚令的审判程序。（5）在司法人

---

① 所谓认罪悔罪认定程序，即通过科学便捷且固化的问答程序来确认犯罪嫌疑人是否确实认罪悔罪。

员错案追究责任的法例中豁免检察人员、审判人员对于经过认罪悔罪认定程序并简化办案环节后可能引发的错案责任，但讯问中采用非法方法的除外。

我们认为，要真正实现案件的繁简分流，促进案件的快速办理，除了案情复杂程度以及客观证据的收集、审查难度外，主要取决于两个可控性因素：一是犯罪嫌疑人、被告人认罪悔罪的主动程度，二是司法办案人员适用快速办理程序的主动程度。认罪悔罪的主动程度又主要取决于犯罪嫌疑人、被告人自身的道德良知以及认罪悔罪从宽制度设计的精细与合理程度。司法办案人员适用快速办理程序的主动程度则主要取决于适用快速办理程序对其办案程序和工作量的减少程度，以及适用程序一旦引发司法责任时的豁免程度。如果这两个问题不能得到实质解决，而法律又未强制司法人员必须适用快速办理程序，实践中司法人员会更倾向于优先选择适用普通程序。

在目前速裁程序的试点中，我们发现法院的积极性最高，究其原因，速裁程序在很大程度上精简了开庭审理的过程，为法官断案节省了时间和资源。因此，要增强检察机关加快办案的主动性，也宜适度减轻检察机关的办案工作量。

（三）加强配套制度建设

1. 强化认罪认罚从宽信息的传递制度，确保犯罪嫌疑人、被告人能够充分了解认罪认罚从宽的具体规定，以促进其认罪认罚的主动性和积极性。

2. 强化对非法获取供述行为的防范制度，避免侦查机关、检察机关滥用认罪认罚从宽制度逼供诱供。

3. 健全犯罪嫌疑人、被告人实施危害社会行为或者违反取保候审、监视居住规定之行为的惩罚制度。对此，除予以逮捕外，有逃诉行为的，还应在刑法中将其增设为脱逃罪的特殊情形，设置均衡的刑罚予以惩处；实施新罪，妨害司法、打击报复并构成犯罪的，除依法定罪量刑外，还应将其情形增设为法定从严处罚情节。对违反取保候审、监视居住规定的情形，也应增设为法定从严处罚情节，在刑法总则和《量刑意见》中予以体现。

4. 加大对未成年人以及主观恶性不严重的罪犯适用管制刑或者缓刑的力度，并切实加强社区矫正工作的矫正效果。

毒品犯罪案件中没收交通工具疑难探析

李　军　廖永红*

毒品犯罪案件中涉案交通工具的没收存在难点。就现有法律体系来看，涉案交通工具必须满足能够被认定为作案工具以及系行为人本人财物两个条件，方能予以没收。但此过程中，认定"作案工具"和"本人财物"往往存在分歧，而由此带来的一些司法实务疑难问题以及解决办法值得探讨。

一、问题的提出：案例中的情形

案列 1　犯罪嫌疑人李某某，驾驶小汽车从甲地携带海洛因前往乙地与刘某某进行交易，交易刚结束即被民警抓获。

案列 2　犯罪嫌疑人朱某伙同陈某驾驶大货车由云南 A 地驶往四川 B 地，在经过四川 C 地时被当地民警挡获，在车辆驾驶室遮阳板后搜出冰毒 1000 余克。

这两个案例有一个共同的特点，即作案过程中均使用了交通工具，问题在于案件如果进入了审判阶段，小汽车与大货车能否被依法予以没收？答案不能一刀切，我们来看几个情形：

以案例 1 为例。第一个情形，假如李某某驾驶自己所有的小汽车，从甲地出发，在上班途经乙地时顺便将 0.1 克海洛因交予刘某某。且甲乙两地相距不过 1000 米，李某某以前从未贩卖过毒品，这次是在路边捡到的零包，刘某某为吸毒人员，强烈要求李某某将零包卖给自己。第二个情形，假如李某某长期以贩养吸，为便于经常外出交易毒品，购买小汽车一辆，已从事十余次驾车毒品交易，被民警抓获后经查实该车车主为其妻赵某某，赵某某称自己对李某某的驾车贩毒行为毫不知情。第三个情形，假如李某某与田某某系好友，田某某见李某某生活窘迫，外出贩卖毒品辛苦，遂无偿将自己的小汽车借给李某某使用，虽未言明，但田某某从未制止，李某某开车贩卖毒品达十余次。

以案例 2 为例。第一个情形，假如朱某、陈某驾驶的大货车为朱某父亲所有，朱某父亲经常驾驶该车挣钱养家，由于临时有事外出他乡，朱某偷偷将车开出，邀约陈某进行了上述行为。第二个情形，假如该车车主为陈某妻子，陈某妻子早知陈某有吸毒贩毒行为，但迫于陈某的淫威不敢言语，出现了陈某伙同朱某运输毒品的行为。第三个情形，假如该车为朱某所有，但朱某赌博成瘾，从亲戚华某处借钱 10 万元用于还债，并将该车抵押给华某，在华某不知情的情况下，朱某伙同陈某实施了上述行为。

---

* 作者单位：四川省盐源县人民检察院。

当然，假设还会有很多，这里仅根据实践情形作简单例举。针对这几种情形，法院分别作出判决：案例1中情形一下的小汽车依法予以没收，原因是属于李某某本人财物，情形二、三下的小汽车依法发还车主本人，原因是虽然用作贩毒，但不是行为人本人财物；案例2中情形一、二下的大货车依法发还车主本人，情形三下的大货车予以没收，原因与前述一致。看到这样的结果，总感觉有一定程度上的不妥，这也就是司法实践中在处理没收刑时遇到的尴尬和困惑。"供犯罪使用的本人财物"作怎样的解释和适用，关系到案件的公平公正，不能一言而论，处理不当会侵犯当事人的合法权益。

二、没收范围的确定：供犯罪所用的本人财物

刑法第六十四条规定，供犯罪所用的本人财物，应当予以没收。可见，法律对此进行了双重限制，首先要满足供犯罪所用，即能够定性为作案工具，其次还必须满足该工具系行为人本人所有。

（一）犯罪工具的认定

界定犯罪工具的前提条件是该物品必须是供犯罪使用的，即应坚持犯罪工具的犯罪属性，这种属性的认定不以犯罪进行的阶段而论，也就是说，犯罪进行中、犯罪预备时均能适用。如果离开了这一属性，就不应该定性为犯罪工具，也就更谈不上予以没收。比如，犯罪行为已经实施完毕后，犯罪嫌疑人转移赃物或毁灭证据过程中所使用的工具就不宜认定为实施原行为的作案工具。否则将扩大没收财物的范围，这无疑会危及社会财产安全。

另外，犯罪工具还必须是专门用于犯罪或主要用于犯罪活动的物品，这是界定犯罪工具的关键特征。如"两高"司法解释中有这样一条规定：赌博用具、赌博违法所得以及赌博犯罪分子所有的专门用于赌博的资金、交通工具、通讯工具等，应当依法予以没收。其明确了只有"专门"用于赌博的资金、交通工具、通讯工具等才能依法予以没收，而不是只要涉案的资金、交通工具、通讯工具都要予以没收。

回到案例1的第一个情形，"李某某在上班途经乙地时顺便将0.1克海洛因交予刘某某"，此种情况下，李某某驾驶的小汽车能否认定为作案工具？若李某某驾车的目的是上班，仅是在上班途中顺便送毒品，将其驾驶的车辆认定为作案工具则有不妥。我们再作一个假设，如果李某某步行与刘某某完成了交易，正准备离开时被警察盯上并实施了追捕，李某某跑到自家门口发动自己的小汽车逃跑，这时李某某驾驶的车辆能否认定为贩卖毒品的作案工具？答案当然是否定的，这是由作案工具具有专门性和犯罪性的特征决定的。再看案例1的第二个情形，"李某某长期以贩养吸，为便于经常外出交易毒品，购买小汽车一辆，已从事十余次驾车毒品交易"，可见，李某某既有犯罪行为，又有实施犯罪的专门目的，其驾驶的车辆就可以认定为作案工具。

（二）本人财物的认定

我国刑法规定没收的对象既要供犯罪使用，又要是本人财物。关于"本人财物"的界定存在不同的观点：有的认为，仅限于行为人所有，也即行为人是该物的唯一所有权人；有的认为，只要行为人对该物享有所有权即可，不管该物

是否为共有之物或是否存在其他物权负担；还有的认为，置于行为人长期控制之下的财物即可，如租赁后长期运输毒品的汽车。[①] 不同的观点和理解为司法实务带来了困扰。犯罪行为之所以应当被禁止并予以惩罚，就在于犯罪行为侵害了刑法所保护的法益，而对法益的侵害是由实行行为实现的。[②] 由此可见，"本人财物"应当作限制解释，不能类推或扩大为一般与行为人本人有关的财物，更不能将非实行行为带入案件的财物作为对象定位犯罪分子个人所有的财产，这样理解更为合适，即犯罪分子实际所有的一切财产以及在家庭共有财产中应得财产。[③] 然而，这里又出现了另外一个困惑，正如案例 1 第三个情形、案例 2 第三个情形所描述的情况一样，如果实施毒品犯罪的车辆是他人之物或者具有他物权，能否作为没收的对象？按照"本人财物"的限制性概念理解显然不行，这就为众多毒品犯罪人员使用交通工具实施犯罪提供了法律漏洞。我们不能将责任归咎于"本人财物"概念的界定，而是有必要随着社会经济的快速发展，重新定位刑法第六十四条"供犯罪所用的本人财物，应当予以没收"的规定。

另外，值得注意的是，在个案判断中，"本人财物"界定的前提应当在故意犯罪领域，不能将过失犯罪中的"本人财物"认定为刑法第六十四条规定的应当予以没收的本人财物。因为没收供犯罪所用的本人财物属于保安处分，即使过失犯罪人也有再犯罪的可能性，但是难以认为

行为人的下次过失犯罪也会使用该财物。[④] 司法实务中，处理交通事故充分体现了这一理念，交通肇事属于过失犯罪，如果将肇事车辆一味予以没收，势必造成法治的不公正，使法律权威受损害。

案例 1 和案例 2 也能充分说明这个问题，案例 1 的第二个情形，案例 2 的第二个情形都描述了车辆属于夫妻共有财产这样一个事实，虽然车主不是行为人本人，但根据"本人财物"概念的界定，其车辆符合依法予以没收的条件，只是司法实务中，大多数法官断案时充分相信了车辆登记的信息，单方面将车辆所有权划给车主个人，影响了没收财物的执行力和执行范围。再看案例 1 的第三个情形和案例 2 的第一个情形，共同特点是车辆非行为人本人所有，在此情况下能否予以没收，答案为不一定，司法实践中的判例也不一而足，但就限制解释的"本人财物"概念而言，这里的车辆不宜作为没收对象。

三、处理的模式：集中原则下的个案分析

（一）坚持比例原则

比例原则是规范和体现法的价值秩序的重要内容和调节方式。正义就是合乎比例，不正义就是比例失调。在毒品犯罪案件的处罚程序中坚持比例原则，有利于实现公平公正。在判断是否应予没收或没收达到何种程度的时候，应当综合考虑财物价值的大小，财物对完成犯罪行为所起的作用或作用的大小；在判断财物

① 张阳、郭小峰：《论"犯罪工具"的内涵及其处理模式》，载《昆明理工大学学报（社会科学版）》2008 年第 5 期。
② 张明楷：《刑法学》，法律出版社 2007 年版，第 139 页。
③ 高铭暄、马克昌：《刑法学》，北京大学出版社、高等教育出版社 2007 年版，第 267 页。
④ 张明楷：《论刑法中的没收》，载《法学家》2012 年第 3 期。

实际所有人的责任大小时，应当综合考虑该财物所有人对犯罪行为完成的明知程度和所起的作用，该财物在犯罪实施过程中占有的时间长短及作用大小。通过这样的对比判断，方能认定该财物是否可以被没收，或没收的程度，以及确定真正财物所有人的责任大小。在案例1的第三个情形中，通过综合判断，田某某的行为属于"明知犯罪并提供帮助"，虽然实行行为中田某某并未参与，作案工具小汽车也并非实行行为人李某某所有，但综合考虑田某某许可使用该汽车的主观心态，其具有相关责任，司法实践中应当作出没收该车辆的处罚。在案例2第一个情形中，由于车辆的实际所有人是朱某父亲，且朱某父亲对朱某的行为并不知情，不应追究朱某父亲的责任，对于该大货车，考虑到其系朱某父亲挣钱养家的工具，且系朱某偷偷开出等综合因素，不应予以没收。

（二）坚持罪责刑相适应原则

没收涉及国家对犯罪人财产所有权的强制剥夺，与当事人的财产权益关系甚大，必须予以充分考虑和衡量。一般情况下，根据罪责刑相适应原则，司法过程是禁止双重危险的，即禁止双重惩罚。在毒品犯罪案件中，实行行为与非实行行为、实行工具与非实行工具的认定体现了罪责刑相适应及禁止双重危险原则的适用。如案例1的第三个情形，田某某明知李某某贩毒还提供小汽车予以帮助，就贩卖毒品行为而言，李某某是实行行为，田某某是非实行行为，小汽车是实行工具；就田某某提供车辆的行为而言，田某某是实行行为，车辆是实行工具，田某某即应当对该行为负责。对其车辆予以没收，也正体现了罪责刑相适应原则。

电信网络诈骗案件中取款人行为的认定

——兼论对"两高一部"办理电信网络诈骗案件意见的理解

张 旭 张丽敏[*]

为应对和打击日益猖獗的电信网络诈骗，2016 年 12 月 19 日，最高人民法院、最高人民检察院、公安部发布了《关于办理电信网络诈骗等刑事案件适用法律若干问题的意见》（以下简称《意见》），对电信网络诈骗犯罪的追诉标准、关联犯罪惩处、证据收集审查判断、案件管辖、涉案财物处理等问题进行了系统规定，为办理电信网络诈骗提供了可以直接参照适用的依据。但针对关联犯罪中取款人行为的性质，《意见》第三节第五条规定，明知是电信网络诈骗犯罪所得及其产生的收益，以下列方式之一予以转账、套现、取现的，依照刑法第三百一十二条第一款的规定，以掩饰、隐瞒犯罪所得、犯罪所得收益罪追究刑事责任，事前通谋的，以共同犯罪论处；第四节第三条又规定，明知他人实施电信网络诈骗犯罪，帮助转移诈骗犯罪所得及其产生的收益，套现、取现的，以共同犯罪论处。如何正确理解和适用《意见》中关于取款人行为的规定，是司法人员无法绕开的难题。本文希冀通过对取款人行为的厘析，为有效打击电信网络诈骗犯罪贡献绵薄之力。

一、何为取款人

取款人（有的地方称为"车手"）是电信网络诈骗犯罪过程中帮助诈骗分子将诈骗款项取现的人员。这些人可能分散于犯罪地之外的任何地点，专门从事取款工作。取款人不直接实施电信网络诈骗，只负责根据指令把被骗到账上的钱安全而快速地变现，并交付给诈骗分子。取款人依附于电信网络诈骗分子存在，是有组织电信网络诈骗黑色产业链上不可或缺的重要一环，其取款行为直接关系到诈骗目的能否实现。

取款人的存在一方面便于电信网络诈骗分子快速取现控制诈骗资金，另一方面在一定程度上割裂了诈骗资金和诈骗分子的直接联系，为司法机关的查处增加了难度。从司法实践中查办电信网络诈骗案件的情况来看，在存在取款人的情况下，往往只能抓获取款人，而直接实施电信网络诈骗的人则很难抓获，很多案件只能不了了之，被害人的经济损害也难以挽回。

取款人可以分为职业取款人和一般取款人。所谓职业取款人，是指在一定时期内以帮助一

---

* 作者单位：江苏省江阴市人民检察院。

个或者多个电信网络诈骗团伙取现为业，从中收取佣金或者工资的人员；一般取款人，是指偶然受人唆使从事了一次或者少数几次取款行为的人员。从司法实践中抓获的取款人的情况来看，职业取款人居多，一般取款人极少，大部分的一般取款人只是局限于证据情况难以认定的职业取款人。

二、对"明知""事先通谋"的理解与认定

前文所述的两条规定中出现了两个"明知"，第一个"明知"是指"明知是电信网络诈骗犯罪所得及其产生的收益"，强调的是对现有的财物（资金）是通过电信网络诈骗而来的明知；第二个"明知"是指"明知他人实施电信网络诈骗犯罪"，强调的是对他人实施电信网络诈骗犯罪的明知。虽然后续行为都是对财物（资金）进行转账、套现、取现等处理，但二者的着力点不同，知道的时间节点也不尽相同。第一个"明知"知道的时间节点应该是在事后，是对已经取得的财物（资金）来源的明知；第二个"明知"知道的时间节点应该是在事前，是对他人要实施电信网络诈骗行为以获取财物（资金）的明知。《意见》规定，对于第一个"明知"如果事前通谋的，以诈骗罪共同犯罪论处，实际上也是强调第一个"明知"知道的时间节点是在事后。

"事前通谋"从字面上讲是事前经过了商量或者合谋，"事前通谋"的情况下，对于他人要实施电信网络诈骗获取财物（资金）自然是明知的，但对于第二个"明知"来说，事前知道他人要实施电信网络诈骗获取财物（资金），并不代表事前进行了通谋，只需要知道即可。在"事前通谋"的情况下，认定共同犯罪没有任何争议，

争议一般存在于第二个"明知"的认定上。

《意见》规定，对于"明知他人实施电信网络诈骗犯罪"，应当结合被告人的认知能力，既往经历，行为次数和手段，与他人关系，获利情况，是否曾因电信网络诈骗受过处罚，是否故意规避调查等主客观因素进行综合分析认定。我们赞同《意见》的规定，认为"明知"包括自供明知和应当明知，《意见》判断是否明知讲的也是应当明知的问题。对于是否明知的判断，绝不能仅依赖于被告人的口供，除应结合《意见》所列因素外，我们认为还应结合取款人所在的地域（是否属于电信网络诈骗高发区）、持有取款银行卡的时间和数量、被害人打款时间与取款时间间隔、取款时间段及频率等因素综合分析。根据这些主客观因素综合分析后，如能得出取款人的辩解明显不符合一般生活常识或者逻辑，如存在取款人身处电信网络诈骗高发区、持有多张银行卡、多次高密度取款、获利较高等情况，即便其辩解不知道指令其取款的人是在实施电信网络诈骗犯罪，也应当推定其主观上明知，也即应当明知，以共同犯罪论处。

三、电信网络诈骗犯罪既遂时间点的认定

关于对上述两个"明知"的理解与认定中，一个无法回避的问题就是什么是事前，什么是事后。所谓事前事后实际上讲的是电信网络诈骗犯罪既遂之前还是之后的问题。

而对于电信网络诈骗犯罪既遂的时间点，不同学者或者司法人员有不同的理解，比较有代表性的观点有两种：一种是以全国检察业务专家李勇为代表，认为："钱款进入行为人控制的账户，诈骗行为就既遂，至于银行冻结止付

则是通过法定程序恢复合法状态，属于追赃挽损。"[1] 另一种是以全国检察业务专家王勇为代表，认为："《全国法院审理经济犯罪案件工作座谈会纪要》提出：'贪污罪是一种以非法占有为目的的财产性职务犯罪，与盗窃、诈骗、抢夺等侵犯财产罪一样，应当以行为人是否实际控制财物作为区分贪污罪既遂与未遂的标准。'这一规定实际上变相确定了盗窃、诈骗、抢夺等侵犯财产罪的既遂标准就是控制财物。电信诈骗犯罪的既遂也是如此。"[2]

电信网络诈骗不过是诈骗的一种，在认定犯罪既遂时间点时与以其他方式实施的诈骗并无二致。诈骗罪是典型的侵财型犯罪，也是典型的结果犯，以危害结果的发生为犯罪既遂的标志。在侵财型犯罪既遂的认定上，历来存在控制说和失控说之争。在电信网络诈骗中，因为资金往往通过银行或者第三方支付平台进行转账，恰恰出现被害人资金失控和诈骗分子控制资金存在时间差的情况。因为时间差的存在，被害人如果发现上当受骗，可以及时通过银行或者第三方支付平台进行冻结止付，追回资金，从这个意义上讲，此时被害人也并未完全失去对资金的控制。也正是时间差的存在，诈骗分子需要及时将钱款取现才能控制诈骗资金，取款人的"业务"也因此显得尤为重要。同样由于时间差的存在，我们认为，电信网络诈骗犯罪的既遂标准宜采用控制说，即电信网络诈骗犯罪既遂的时间点为诈骗分子实际控制财物（资金），也即我们赞同王勇的观点。

李勇的观点属于典型的失控说，认为"钱款进入行为人控制的账户，诈骗行为就既遂"，该观点会导致《意见》中的第二个"明知"没有实际意义。因为取款人收到取款指令时肯定是钱款已经进入诈骗分子控制的账户内，按照上述观点属于已经犯罪既遂，此时取款如明知，便属于"明知是电信网络诈骗犯罪所得及其产生的收益"的情况，应以掩饰、隐瞒犯罪所得、犯罪所得收益罪追究刑事责任，当然如果事先通谋成立共犯。问题是实践中没有几个取款人会承认自己是"明知他人实施电信网络诈骗犯罪"，至多会承认"明知是电信网络诈骗犯罪所得及其产生的收益"，在诈骗分子已经犯罪既遂的情况下，只能认定为掩饰、隐瞒犯罪所得、犯罪所得收益罪，故《意见》规定的第二个"明知"就失去了意义，对于"明知"的认定方法的规定亦没有存在的必要。

《意见》关于两个"明知"的规定，如以控制说则完全可以对两个"明知"进行合理的解释和理解：如在诈骗分子已经控制财物（资金）后进行取款且明知财物（资金）来源的，属于第一个"明知"，以掩饰、隐瞒犯罪所得、犯罪所得收益罪定罪处罚，如事前有通谋，以共犯论处；如在诈骗分子尚未控制财物（资金）时进行取款，根据《意见》的规定综合判定其是否属于第二个"明知"，是则以共犯论处，不是则可以掩饰、隐瞒犯罪所得、犯罪所得收益罪定罪处罚。

中国人民银行规定，自 2016 年 12 月 1 日起个人通过银行自助柜员机向非同名账户转账

---

① 李勇：《运用共犯理论区分电信网络诈骗犯罪责任》，载《检察日报》2017 年 4 月 23 日。
② 王勇：《公诉实务之电信诈骗疑难问题浅析》，载正义网 2016 年 11 月 20 日。

的，在发卡行受理后 24 小时内，可以向发卡行申请撤销转账。该规定意在防范电信网络诈骗，其正是考虑到被害人失控和诈骗分子控制资金之间存在时间差，扩大了这个时间差，给被害人追回资金、挽回损失提供了 24 小时的缓冲期。当然该规定仅针对 ATM 机转账，对于银行柜台、网银、手机银行转账以及第三方支付平台转账并无规定，取款人仍有大量的作案空间。

四、不同情形下取款人行为的认定

职业取款人和一般取款人前文已有论述，对于一般取款人来说，由于其确实只是偶然受人唆使从事了一次或者少数几次取款行为，主观上对于诈骗分子或者其他唆使者是在实施电信网络诈骗以及所取款项是否为电信网络诈骗资金没有认识或者认识不足，缺乏"明知"，不管其何时参与，一般以掩饰、隐瞒犯罪所得、犯罪所得收益罪定罪处罚为宜，如果事先有通谋，则应以诈骗罪共犯论处。

对于职业取款人，如果其在诈骗前参与，不论其如何辩解，均可以直接认定属于"明知他人实施电信网络诈骗犯罪"，以诈骗罪共犯论处。如事先有通谋，直接以诈骗罪共谋正犯论处。如果其在资金到账诈骗分子尚未控制时参与，则需要根据《意见》的规定综合判定其是否属于第二个"明知"，是则以诈骗罪共犯论处，不是则以掩饰、隐瞒犯罪所得、犯罪所得收益罪定罪处罚。如果其在诈骗分子已控制资金后参与，所谓已控制资金，我们理解是资金已由诈骗分子从账户中取现、套现或者刷出（通过银行或者第三方支付平台没有冻结止付的可能），再存至新的银行卡或者账户上由取款人进行取款或者转账，此时对于取款人应以第一个"明知"认定，以掩饰、隐瞒犯罪所得、犯罪所得收益罪定罪处罚。

骗领政府补助中关联行政行为之定性

马如意 *

近来，我国各级政府为鼓励和扶持特定行业的发展，会制定一些产业政策对有关经济实体予以财政补助，项目繁多，形式多样，但随之侵财犯罪也多有发生，如果政府补助发给了不该发的企业，将导致产业政策的走形甚至失败，造成国家财政浪费。本文借一个典型案例从刑事犯罪角度简要进行分析，将多重行政行为纳入刑事判断的架构，希冀厘清政府补助申报、发放过程中当事各方罪与非罪、此罪与彼罪之界限。

一、案情介绍

2016 年年初，A 市（地级市）政府为扶持本地蓝莓种植特色农业项目，研究出台了一揽子货币资金补助政策。A 市政府设立市级补助资金，列入市财政预算范围，由市农业局负责实施，决定由所属各县（市）农业局统一受理、审核并上报，市农业局审批后由市财政局转各县（市）财政局发放。各县（市）须按照资金减半的标准设立县级补助资金，列入各县（市）财政预算范围，由各县（市）农业局统一受理、审核，报本级政府审批后，由县（市）财政予以发放。5 月，该市 B 县私营企业永盛蓝莓种植有限公司（以下简称"蓝莓公司"）董事长甲想申请补助资金以扩大公司经营规模，但碍于申报条件不够，即伪造申报材料向 B 县农业局申请县级补助资金 75 万元，市级补助资金 150 万元。同时，送给该县农业局经办人员乙 3 万元请求关照，乙表示其仅负责经办，局长丙才有权决定。甲遂又送给丙 10 万元请求关照，丙予以收受，但表示县级补助资金尚须分管县长丁审批，市级补助资金亦须市农业局农业科科长戊和局长己审批。8 月，该资金申请项目分别报县政府和市农业局审批，甲遂分别又送给丁、戊、己 15 万元、10 万元、15 万元，三人均予以收受。10 月，该申报项目分别经审批列入 B 县县级补助资金项目，同时列入市级补助资金项目。2016 年年底，市级补助资金 150 万元转到县财政局，为尽快获得资金，甲又送给县财政局局长庚 10 万元。2017 年年初，225 万元补助资金被拨付到蓝莓公司。

二、政府补助之关联行政行为功能分析

政府补助，按照《企业会计准则第 16 号——政府补助》之规定，是指企业从政府无偿取得货币性资产或非货币性资产，但不包括

---

* 作者单位：山东省乳山市人民检察院。

政府作为企业所有者投入的资本。政府补助之发放不是为了申请人的利益，而是为了公共利益。企业将补助用于特定的行为，是为了实现特定的产业政策目的。政府补助的发放，一般经两个阶段。第一个阶段，作出一般的补助决定，即政府或者主管部门经政府授权研究制定政策意见，规定发放补助的条件、申请人的范围、政策目的、申请程序、审批权限及程序等，系属抽象行政行为。第二个阶段，根据一般的补助决定作出具体的补助行为，申请人申请后，一般将经过下级主管部门审核上报、上级主管部门[①] 审批、财政部门发放补助等三个过程，系属具体行政行为。下级主管部门负责审核与转报，上级主管部门负责审批，财政部门负责发放，其中居于核心地位的是上级主管部门，享有政府补助发放之决策权。而下级主管部门虽可否决申请人之补助申请，财政部门虽现实占有补助，行使管理国有资金之职能，却均不享有发放之决策权。二者仅根据行政授权或者分工，行使协助性、从属性的职能，下级主管部门协助政府补助项目的申报，财政部门协助政府补助资金的落实。

三、骗领政府补助中关联行政行为之定性分析

该案例系以甲骗领政府补助为主线而成，分析亦沿此主线而展开。关于政府补助之骗领，德国刑法典规定了补助金诈骗罪，我国台湾地区"刑法"将其纳入诈骗罪规制当中。我国刑法未像德国刑法有明文规定，欲将其纳入诈骗罪规制，则须判断骗领政府补助是否符合诈骗罪之犯罪构成。根据刑法第二百六十六条之规定，诈骗罪客观构成要件即使用欺骗方法骗取数额较大的公私财物，既遂须满足"行为人实施欺诈行为—对方产生认识错误—基于认识错误处分财产—行为人或者第三人取得财产—被害人遭受财产损失"。案例中，行为人甲实施欺诈行为，被害人即国家，均不难认定，难在对关联的多个行政行为之认定，不仅影响甲之犯罪形态，且于其他当事方之定罪关系尤大，兹论述之[②]。

综观政府补助发放之整个过程，有处分权限的只能是掌握政府补助发放决策权的上级主管部门的丁、戊、己，而下级主管部门的乙、丙，虽有审核和上报等职责，却并无对政府补助之处分权限，在刑事法律判断上可认为系前者之协助者。

（一）下级主管部门之乙、丙行为之分析

1. 知甲造假。《关于办理渎职刑事案件适用法律若干问题的解释（一）》第三条规定："国家机关工作人员实施渎职犯罪并收受贿赂，同时构成受贿罪的，除刑法另有规定外，以渎职罪和受贿罪数罪并罚。"乙、丙之行为构成受贿罪和滥用职权罪，实行并罚无疑。乙、丙故意违背职责上报明知不符合申报标准的项目，帮助骗领政府补助，其诈骗之帮助行为已超出受贿罪之构成要件。可构成诈骗罪之共犯，且可据其所起之作用认定是否系主犯。对于滥用职

---

① 为论述方便，案例中 B 县政府亦作为此处上级主管部门。
② 对没有争议的问题，如甲是否构成行贿罪，笔者即略去未述。

权和诈骗，德国刑法将滥用公务员职权和地位的，作为特别严重情节在补助金诈骗罪内予以综合评价，适用较重法定刑。我国刑法未有明文规定，可依想象竞合犯处理规则，从一重即仅以诈骗罪定罪处罚即可。所以，乙、丙二者宜认定为受贿罪和诈骗罪，数罪并罚。

还要探讨一个现实中极有可能出现的极端情形：假如乙、丙为完成县政府确认的资金争请任务或者为个人私利，教唆或者帮助甲造假，甚至自己造假骗领补助资金。该种情形，则甲、乙、丙构成诈骗罪无疑，乙、丙另构成滥用职权罪，与诈骗罪想象竞合。注意，即便如此，乙、丙也不构成贪污罪，原因是乙、丙仅系协助机关工作人员，不享有贪污罪构成要件"利用职务上的便利"之主管职责。只有当国家工作人员现实地对公共财物享有支配权、决定权，或者对具体支配财物的人员处于领导、指示、支配地位，进而利用了职务上的便利的，才能认定为贪污罪。①

2. 不知甲造假。乙、丙符合受贿罪之构成要件，成立受贿罪。如果对甲之骗领政府补助之行为存在玩忽职守，则又符合玩忽职守罪之构成要件，成立玩忽职守罪。且根据《关于办理渎职刑事案件适用法律若干问题的解释（一）》之规定，对受贿罪和玩忽职守罪实行数罪并罚。

（二）上级主管部门之丁、戊、己行为之分析

1. 知甲造假。丁、戊、己成立受贿罪和滥用职权罪，数罪并罚无疑。有疑问的是三人是

否可以认定构成贪污罪，笔者认为须具体分析。三人作为核心地位的上级主管部门之国家工作人员，享有政府补助发放之决策权，具有贪污罪构成要件"利用职务上的便利"之主管职责。如丁、己与甲共谋或者事先预谋私分申报资金，构成贪污罪，与甲成立共同正犯。但贪污罪与非罪的界限亦须厘清。如仅能证明丁、己明知甲的申报材料系伪造，仍收受贿赂、违背职责予以审批，处分国家资金给甲，则不宜认定为贪污罪。需注意戊的不同之处，戊虽系上级主管部门即审批机关之工作人员，系初始决策者，不似丁、己系最终决策者，但如与甲共谋或与甲事先预谋私分申报资金，也可认定构成贪污罪。

如果丁、戊、己构成贪污罪，则其滥用职权罪与贪污罪构成想象竞合犯，从一重即以贪污罪论处。该种情形影响甲之犯罪形态，即既然有处分权之丁、戊、己明知造假之事实，便不会被骗，更不会因陷入错误认识而作处分行为给国家造成损失，如若甲构成共同贪污，则宜认定为贪污共犯，以贪污罪论处，而不再认定为诈骗。

2. 不知甲造假。即三人确定被骗，则该三人构成受贿罪，如有玩忽职守行为，则构成玩忽职守罪，数罪并罚。

（三）财政部门之庚行为之分析

财政部门系政府补助之发放部门，庚作为该部门负有发放职责的工作人员，收受贿赂为他人谋取利益，符合受贿罪之构成要件，成立受贿罪无疑。庚如有索贿行为，如让甲必须从

---

① 张明楷：《刑法学》，法律出版社2016年版，第1184页。

补助资金中拿出一部分给自己，亦构成受贿，而不宜评价为贪污，除非其利用职务之便，将全部或者部分补助资金据为己有。

四、关于第三人

笔者在此要表明的是取得财产的非必须是行为人，亦可以是第三人，行为人或者第三人取得财产，受害人受有损失，诈骗既遂。诈骗罪之非法占有，内含使第三人非法占有之目的，我国台湾地区"刑法"关于诈欺取财罪之主观构成要件上的表述"意图为自己或者第三人不法之所有"①，亦明示了这层意思。本案中，甲作为 B 县蓝莓公司董事长，其行为系以公司非法占有为目的，不影响诈骗罪之认定。

---

① 林山田：《刑法各罪论》，北京大学出版社 2012 年版，第 317 页。

赃物数额未达巨大的盗窃未遂法律适用探析

陈 鑫 吴丽丽*

2013 年"两高"《关于办理盗窃刑事案件适用法律若干问题的解释》（以下简称《解释》）第十二条第一款规定，以数额巨大的财物为盗窃目标的盗窃未遂，应当依法追究刑事责任。据此，以数额较大财物为目标的盗窃未遂一般不应追究行为人的刑事责任。在公共场所盗窃自行车属于实践中的常发案件，该类案件的目标物一般都不会达到数额巨大之程度，所以，既未遂的判定将直接关系到刑事责任的追究与否。另外，不以数额巨大财物为目标的盗窃未遂是否能因行为人具有盗窃前科而依然具有刑事可罚性，实践中争议很大。本文以一起真实盗窃案件为例，对该类案件的相关争议问题加以探讨。

一、基本案情

2016 年 8 月 5 日 15 时 40 分许，龚某、程某二人商量以一人开锁另一人推车的方式意欲在北京市经济技术开发区同济南路地铁站停车处行窃。但该二人早因形迹可疑被附近巡逻的民警觉察，民警在二人尚未着手盗车之前就已严密布控。之后龚某用事先准备好的自制 V 形铁质工具将一辆电动自行车的车锁撬开后离开，程某随即上前推车，待其刚接触到自行车准备挪动之际，民警立马出动将二人抓获。经查，该二人几个月前都曾因盗窃受到过刑事处罚，此次意欲盗窃的电动自行车价值为人民币 1200 元。

二、分歧意见

本案的争议焦点是龚某、程某是否构成犯罪既遂，该如何处理。对此，主要有四种意见：

第一种意见认为，二人构成犯罪既遂，应当以盗窃罪提起公诉。考虑到自行车重量较轻、体积小、易移动，加之公共场所开放流动的时空条件，车主一般与车辆相距较远，遇窃时无法展开及时的自力救济，行为人一旦得手，对于未安装定位装置的车辆，寻回的概率极其渺茫。所以，当龚某完成开锁行为之后，自行车便已处于失控状态，紧接着程某上前推车，其身体已经实际接触车辆并随时可以将车骑走，已经完成了对车辆的控制。本案中，虽然有民警在旁蹲守、监视，但民警的监视并不能等同于物主本人的控制，按照"失控 + 控制"理论，本案的车辆所有人已然失去了对财物的实际控制，因而应当认定为犯罪既遂。根据《解释》第一条、第二条之规定，二人已经构成盗窃罪。

---

* 作者单位：北京市大兴区人民检察院。

第二种意见认为，二人构成犯罪未遂，但仍能以盗窃罪提起公诉。成立犯罪未遂的理由在于，二人的行为自始即置于民警的监控之下，无论是从可能性上来讲还是从最终的实际结果来看，其都不具有完成犯罪的可能，当属犯罪未遂。但是仍能够以盗窃罪提起公诉的理论依据是："具有前科者再次从事违法犯罪活动，恰恰反映了其高度的人身危险性，这种高度的人身危险性并非仅仅表明其改造难易程度，首先还表现了改造的必要性程度。因而，它必然要作为应当考虑的因素而在定罪活动中具有特殊的价值。"[1] 二人曾因盗窃受到过刑事处罚，不足一年之内再次盗窃，其主观恶性和改造难度极大，即便其盗窃行为处于未遂状态，但亦属于《解释》第十二条第一款第三项"其他情节严重的情形"，从而应当追究其刑事责任。

第三种意见认为，二人构成犯罪未遂，应作法定不起诉处理。认定盗窃未遂的理由同前，但之所以作法定不起诉处理，原因在于，犯罪既遂和犯罪未遂有不同的成立条件，"即成立既遂罪，犯罪数额标准较低，因为行为人已经将行为实施完毕，对合法权益已造成直接的、现实的威胁；成立未遂罪，犯罪数额标准较高，因为未遂罪对合法权益的威胁毕竟不是那么直接和现实"。[2] 所以，不以数额巨大财物为目标的盗窃未遂，尚未达到定罪所需的最低社会危害性程度，不是犯罪，应作法定不起诉处理。

第四种意见认为，二人构成犯罪未遂，可作相对不起诉处理。不以数额巨大为目标的盗窃未遂虽然也已构成犯罪，但是考虑到刑法以处罚既遂犯为原则，以处罚未遂犯为例外，故可以不再追究二人刑事责任，应作相对不起诉处理。

三、评析意见

笔者同意第四种意见，现分析如下：

（一）"数额"是衡量数额犯成立与否的标尺

所谓数额犯，简言之就是以数额作为犯罪构成要件的犯罪。由于我国采取的是"司法 + 行政"双轨并行的社会治理体制，行政违法与犯罪之间的界限并不在质的不同而在于量的差别，《治安管理处罚法》所规定的大部分行为都是刑法上犯罪行为的轻微样态。数额是数额犯社会危害性最直观、最集中的体现，只有当数额达到了一定程度，行为才能由刑法评价，若数额不达标，便自始只能视为行政违法。

本案的赃物价值人民币 1200 元，按照北京地区关于数额较大的一般规定（2000 元），本来并不满足数额要求，但由于二人之前曾因盗窃受到过刑事处罚，按照《解释》第二条之规定，曾因盗窃受过刑事处罚，再次盗窃的，"数额较大"的标准可以按照一般盗窃罪"数额较大"标准的一半确定，所以二人的盗窃数额也已达到数额较大之程度，从而超越了一般的行政违法，进入犯罪领域。

（二）以数额较大财物为目标的盗窃未遂仍构成犯罪

1. 二人应构成盗窃未遂

其一，盗窃既遂与否和民警是否为车辆所

---

① 林维：《论前科的定罪价值》，载《中央政法干部管理学院学报》1995 年第 6 期。

② 童伟华：《数额犯若干问题研究》，载《华侨大学学报（人文社科版）》2011 年第 4 期。

有人之间并无干系。盗窃罪是通过打破占有的方式侵害他人的所有权，但财物的占有人并不一定就是财物的所有人。为了对财产法益周全保护，不应固守于财物所有人的视角，而应从财物的实际占有人的角度出发认定既未遂。本案中当车主离去，其自行车处于民警的监控之下时，民警能够接替车主成为自行车的占有人。所以，二人若想取得对财物的实际控制，不仅要开锁以打破原物主的支配，还必须将车辆推离现场以突破民警的防控。

其二，盗窃罪以占有他人财物为目的，故其既遂标准应当以"打破原来的占有关系，建立新的占有关系"为依据。更为关键的是，新的占有关系必须要达到一种持续且稳固的状态，短暂的、松弛的、脆弱的控制都不能视为建立了新的占有关系。具体到本案，只要二人仍在民警的监控之下，至多只是打破了原来的占有关系，但并未在事实上重新建立新的、持续且稳固的占有关系，所以难言既遂。

2. 对二人宜作相对不起诉

法定不起诉与相对不起诉之间的界限其实泾渭分明，前者意味着行为自始至终不属于犯罪，后者只是在构罪的前提下不予起诉。之所以会出现分歧，原因在于《解释》第十二条第一款规定："盗窃未遂，具有下列情形之一的，应当依法追究刑事责任：（一）以数额巨大的财物为目标的；（二）以珍贵文物为盗窃目标的；（三）其他情节严重的情形。"于是有论者认为，该司法解释抬高了盗窃未遂的入罪门槛，盗窃未遂不再以"数额较大"而是以"数额巨大"为入罪标准。对于数额未达巨大之程度的盗窃未遂不再认为是犯罪，应当作法定不起诉处理。但笔者无法认同这种观点，理由如下：

其一，数额与犯罪既未遂是两个不同层面的问题。决定数额犯是否构成犯罪的重要标尺是赃物数额。只要达到数额较大之程度，犯罪就已经成立。未遂只是一种犯罪未完成形态，乃是在犯罪成立基础上展开的后续讨论，至多只能关乎量刑的轻重，不能以未遂为由回溯改变已经确定的行为性质。

其二，在罪与非罪问题上，既遂犯和未遂犯应在入罪标准上保持一致，只不过未遂犯在量刑时比照既遂犯从轻、减轻处罚。既未遂都应以"数额较大"为犯罪成立条件，没有理由人为地抬高犯罪未遂的入罪门槛。

其三，以数额巨大财物为目标的盗窃未遂是否属于犯罪，从"两高"关于盗窃罪司法解释的沿革演变中便可窥见一斑。根据1998年最高人民法院《关于审理盗窃案件具体应用法律若干问题的解释》第一条之规定，以数额巨大财物为目标的盗窃未遂，"应当定罪处罚"。而《解释》改为"应当依法追究刑事责任"。公安机关的立案侦查、检察机关的审查起诉、法院的刑事审判，都是追究刑事责任的具体体现。一般而言，构成犯罪的行为都要被追究刑事责任，但是有些已经构成犯罪的行为，由于种种原因已经不需要再判处刑罚的，可以在审查起诉阶段考虑相对不起诉，在审判阶段考虑定罪免刑。从"应当定罪处罚"到"应当依法追究刑事责任"，其间用语的变化显示出最高司法机关在未遂犯定罪处罚问题上态度和立场的根本性转变。

其四，对于赃物数额未达数额巨大的盗窃未遂不认定为犯罪，会令民众对抓捕现行犯产生狐疑。实践中常发盗窃案件的财物价值一般都位于数额较大的级别，少有达到数额巨大的档次，若坚持认为以数额较大财物为目标的盗窃未遂不是犯罪，则无异于向民众表态，面对正在作案的盗窃现行犯不宜马上抓捕，因为一旦将其犯罪截停在未遂状态，就有可能因其赃物数额未达巨大而不认为是犯罪。这种不合理的暗示源自对盗窃未遂性质的错误理解。

（三）前科不属于《解释》第十二条的"其他情节严重的情形"

在构罪的基础上是径行起诉还是作相对不起诉乃本案的一个分歧点。分歧的源头在于对《解释》第十二条第一款第三项"其他情节严重的情形"之理解。笔者认为，纵使二人有前科，也不应纳入"其他情节严重的情形"，理由如下：

其一，本案中，前科已经作为入罪情节，在认定犯罪成立时发挥了作用，那么便不应在量刑时再次考虑，不然就违背了一项情节不能同时兼任定罪量刑情节的"禁止重复评价"原则。

其二，《解释》当中所指的"其他情节严重的情形"只能是与犯罪事实直接相关的案内情节，而前科属于案外情节，不应纳入其中加以考虑。刑法以法益保护为目标，在是否追究刑事责任问题上，只能以行为人本次行为侵害法益的严重程度为依据，而"前科的有无，并不能影响到行为人所实施的本次危害行为的社会危害性，行为的社会危害性只能通过其行为事实加以展现"[1]。

其三，刑罚的适用是报应刑和预防刑的统一，报应刑决定了刑罚的上限，预防刑只能在报应刑所确定的上限之下进行调适。决定报应刑的是行为对于法益的危害程度，由于犯罪未遂仅仅是给法益制造了一种风险而结果尚未现实化，所以在程度上属于情节轻微的犯罪行为，一般不需要追究刑事责任。前科只是代表了犯罪人特殊预防必要性的大小，属于预防刑的范畴，并不能决定行为人所应受的报应程度。既然"不能将影响特殊预防必要性大小的因素作为法定刑升格的情节"[2]，那么，也就不能将代表特殊预防必要性大小的前科作为追究刑事责任的情节。

---

[1] 于志刚：《论前科的法律后果》，载《人民检察》2002年第1期。
[2] 张明楷：《刑法分则的解释原理（下）》，中国人民大学出版社2011年版，第599页。

认罪认罚自愿性保障体系的建构

张 华 张凤军 刘 谡*

非出于本性自愿性的"认罪认罚"难以保证从宽的公正性、科学性、合理性，虽有司法资源的节约和审判程序快捷目标的实现，但并无减少冤假错案的功能，更毋论打击犯罪、保障人权双重目的的效果提升。所以，认罪认罚从宽制度的真正完善[1]与有效实施优先考虑的根本问题应是犯罪嫌疑人、被告人认罪认罚"自愿性"保障体系的构建。"现代法律意义上的自愿性并不意味着完全的绝对的自由自愿，而是在法律允许范围内的一定压力之下的供述与保持沉默之间的权衡选择。"[2]本文体系的建构立足于被追诉人"自认"的自由性最大限度保障，同时兼顾认罪认罚从宽速裁程序的理性运行与司法资源的优化配置等功能性目的的实现。

一、全程律师介入制——自愿性的保护

被追诉人虽然名义上享有是否认罪的绝对权利，但是事实的结果往往是在没有辩护人的情况下自己根本不享有任何保护。[3]由于个人永远无法与无比强大的国家力量平等、有效抗衡，被追诉人在刑事诉讼过程中所享受的权利往往很难得到充分保障。"为了防止法官、检察官强迫被告人作出有罪答辩，防止无罪的被告人违心认罪，各国都比较重视被告人认罪的程序保障——律师介入权。"[4]律师的职能特性赋予了其参与认罪认罚从宽速裁程序的必要性与可操作性，相对于公检法机关的工作人员，律师更易得到被追诉人的信任。无论从实体法律内容还是从刑事诉讼程序上，律师均会给予被追诉人以明白阐释与帮助，同时也能监督追诉机关追诉行为的合法性，通过使其完整享受刑事诉讼权利来达到免受追诉机关非法侵害的目的。

从试点的实践规范来看，律师介入认罪认罚从宽速裁程序主要集中在检方与犯罪嫌疑人的刑事"沟通协调阶段"[5]，即从侦查终结后到签署《适用速裁程序告知和征求意见书》，在法

---

* 作者单位：张华、张凤军，河北省张家口市人民检察院；刘谡，中共张家口市委党校。

① 完善"认罪认罚从宽制度"既涉实体又关程序，但从相关文件的目的、宗旨、具体规定来看，更多是程序方面的新构建，故限于篇幅，本文仅从狭义角度突出速裁程序中保障体系的建构。

② 杨文革：《美国口供规则中的自愿性原则》，载《环球法律评论》2013年第4期。

③ 参见［美］乔治·费希尔：《辩诉交易的胜利——美国辩诉交易史》，郭志援译，中国政法大学出版社2012年版，"序言"第6页。

④ 张吉喜：《被告人认罪案件处理程序的比较法考察》，载《时代法学》2009年第3期。

⑤ 参见《最高人民法院、最高人民检察院关于刑事案件速裁程序试点情况的中期报告》。

庭审理确认阶段已少有律师的"强行"推介工作[①]。由于在法庭审理确认阶段我国的刑事速裁程序还处在探索与渐行规范期，法院的最终判决存在较多的变数。比如，最大的可能是在确认被追诉人认罪认罚自愿性与真实性、签署具结书前已充分获得律师帮助的前提下，依据刑事证据与证明标准认可检方与被追诉人之间的"刑事协商"结果，案结事了；极少情况下，有可能被判无罪或不认可协商结果而被加重判处刑罚。从有利于被告人角度而言，因证据不足被判无罪并不存在律师介入的必要性，但加重判决有可能带来的权利侵害没有律师的帮助却难以得到支持。2.10％的上诉率[②]一定程度上冲击的是速裁程序中被追诉人认罪认罚的自愿性，审理阶段律师介入的缺失不利于被追诉人从宽权利的行使。所以，在构建认罪认罚从宽速裁程序时，有必要加强审理阶段律师介入诉讼的活动，从而保证自愿性的真实与延续。

二、利害关系释明制——自愿性的判断

为了保证被追诉人认罪认罚的真实性与自愿性，有必要给予被追诉人一个特殊的程序保护——利害关系释明制。此释明制需要三层把关，层层递进，后面任何一层发现前面一层未曾对利害关系进行释明将会直接导致认罪认罚从宽速裁程序的无效。

第一层把关，律师指导。考察被追诉人是否"明知"利害，律师有否为其提供了有效帮助是重要的因素。律师在第一层把关中重点问询两方面问题：第一，是否遭到刑讯逼供，由此是否作过有罪供述；第二，是否了解认罪认罚从宽速裁程序，是否对选择此程序可能面临的最大不利、放弃的诉讼权利与因此可能得到的优惠条件、刑罚从宽幅度非常清楚。律师把两方面问题释明后让被追诉人权衡利弊，并作出是否适用认罪认罚从宽速裁程序的选择。如果选择适用，被追诉人须作一个特别委托授权，授权书上写明"我在律师的释明下，已完全理解认罪认罚从宽速裁程序的利弊关系"。

第二层把关，检方提醒示明。被追诉人作出认罪认罚的意愿表示后，检方在与被追诉人进行认罪认罚协商时，必须再次向被追诉人询问律师是否已告知认罪认罚的利害关系，其是否已完全理解选择此程序会放弃某些诉讼权利的行使以及是否还有深入了解的必要，特别授权委托书是否系其真实的意思表示。在确定被追诉人已完全了解认罪认罚实质后，检方告知其反悔的最晚时间点，即签订具结书之前。

第三层把关，法院确认提醒。进入审理阶段后，法官需要询问被追诉人是否对认罪认罚速裁程序有明确的认知，并让其作出相应阐述，进而询问其作出认罪认罚意愿表示是否遭到检方的胁迫、欺骗等，是否在刑事协商前得到了律师的实际帮助，特别委托授权书是否系在完全了解认罪认罚从宽速裁程序下的自由表达，是否在协商中被检方明确告知认罪认罚可能面临的不利后果。若回答为肯定，法官方可审核具结书内容的合法性与合理性；否则，认罪认

---

① 参见顾永忠、肖沛权：《"完善认罪认罚从宽制度"的亲历观察与思考、建议——基于福清市等地刑事速裁程序中认罪认罚从宽制度的调研》，载《法治研究》2017年第1期。
② 参见《最高人民法院、最高人民检察院关于刑事案件速裁程序试点情况的中期报告》。

罚违背自愿性，将不能继续适用速裁程序进行审理，转化为普通程序。

三、适用范围有限制——自愿性的公平

认罪认罚从宽速裁程序是适用所有的刑事案件，还是有所限制、如何限制，争议较大。笔者认为，适用范围的大小既要考虑诉讼的公平性，又要兼顾司法的规律性，还要具有实践的可操作性。参照大陆法系国家的刑事协商制度、英美法系国家的辩诉交易制度以及我国台湾地区的相应规范看，把认罪认罚从宽速裁程序适用的案件范围限定为可能判处有期徒刑（含）以下的刑事案件比较适宜。理由如下：

第一，案件标准适用范围太小易造成司法不公。出于公平公正考虑，宜把认罪认罚从宽速裁程序适用范围由可能判处三年以下有期徒刑、管制、拘役、罚金刑的案件扩大到可能判处有期徒刑（含）以下案件，否则"厚此薄彼"的程序适用又会造成新的司法不公。考虑到新诉讼程序刚刚起步阶段的不成熟，作为过渡性的准备不得已先作轻微刑事案件的限制也是适宜的。

第二，可能判处无期徒刑案件适用认罪认罚从宽速裁程序缺乏可操作性。可能判处有期徒刑的案件适用认罪认罚从宽速裁程序有从宽幅度的限制，无论是基准刑的 10%—20%，还是 10%—40% 的从宽幅度均有清楚计算与司法实践的可操作性，法官也容易判断"协商"的合法性与合理性。而对于可能判处无期徒刑的案件，认罪认罚的从宽幅度较难界定，操作随

意性凸显，如果一律把从宽幅度定为从无期到最高有期，将明显忽略可能判处无期徒刑案件社会危害、主观恶性的差异性，刑罚的统一与罪责刑相适应原则将被架空。同时，在当前我国司法公信还有待大力提升的情况下，还容易带来无法准确预见的司法腐败与不公。

第三，可能判处死刑（含死缓）案件不宜适用认罪认罚从宽速裁程序。此类案件稍有不慎就会造成永远无法挽回的司法可能，适用认罪认罚从宽速裁程序显有对被追诉人权利保护不力的嫌疑。

四、启动主体限缩制——自愿性的择机

认罪认罚从宽速裁程序何时应由谁来启动决定了被追诉人合法权利是否能够得以保障以及保障程度的深浅，同时也对司法行政机关职权的顺利行使造成一定的影响，更大程度上左右了被追诉人认罪认罚的自愿性。

认罪认罚从宽速裁程序的启动主体太过宽泛容易造成操作上的无序与实施过程中的变质，会与刑事诉讼程序中的公检法三机关职能造成不必要的错位与操作上的无效。笔者认为主体宜限定为两个，一个是审查起诉的检方，另一个是处于被追诉地位的犯罪嫌疑人、被告人。检方只能在审查起诉阶段启动，而犯罪嫌疑人、被告人只能在案件侦查完毕后进行，[①] 但可以在侦查阶段提出请求，侦查机关在移送审查起诉文书中应作出相应记录。检方与被追诉人被赋予认罪认罚从宽速裁程序启动权并不意味着单方的启动就能顺利推进程序，而是需要另一方

---

① 参见陈卫东：《认罪认罚从宽制度研究》，载《中国法学》2016 年第 2 期。

的密切认同配合。任何一方的反对（明示或默示）均可致该程序"夭折"从而转入普通程序。侦查机关与审判的法官及受托律师不能被赋予认罪认罚从宽速裁程序的启动主体资格，侦查机关与受托律师仅仅拥有建议权，法官则不宜拥有建议权。[1]

认罪认罚从宽速裁程序的启动时间应受限制，即只能在侦查终结后刑事审判前[2]。不宜太宽，否则不利于诉讼的稳定、快捷与司法资源的节约、高效，从而也就破坏了设置认罪认罚从宽速裁程序的初衷。

五、操作凸显协商制——自愿性的动力

无自由无协商，无协商无自愿。要保障被追诉人认罪认罚的自愿性，须构建平等协商沟通机制，即双方在自由、平等、无胁迫下对是否认罪认罚、从宽到何种程度进行意思交流，寻找最佳契合点，最终达成合意签署具结书或达不成合意转入普通程序。无论结果如何，充分协商沟通应是认罪认罚从宽速裁程序的标配。

充分协商很难一次完成，需要被追诉人在律师指导帮助下充分表达他所预期的罪名与刑罚，检方也应依法慎重考虑从宽的可能与幅度是否与其接近。如果相差太远，有必要进行多次协商。但协商宜有一个固定的时间限制，不应过度一味迁就被追诉人的意思而破坏惩罚从宽幅度的最高限度。

被追诉人若不能确切地知道在认罪认罚的情况下能得到多大程度的从宽处理通常不会轻易认罪认罚，因为还有可能出现法院依据"疑罪从无"的原则判决证据不足无罪或者适用刑法规定的原刑罚标准；自然，作为检方也面临指控的罪刑不被法院支持或完全认同指控的不确定性。充分协商争取双方利益最大化，既能惩罚犯罪又能节约资源，是认罪认罚从宽速裁程序的不二选择。

六、证据开示全面制——自愿性的基础

被追诉人真实、自愿认罪认罚的前提是要了解检方已掌握了哪些有罪证据、哪些罪刑轻重的证据，然后就罪刑问题进行充分自由的协商沟通。"犯罪嫌疑人认罪认罚应当是其在知悉控方证据的基础上作出的明智承认。"[3] 证据开示保证了被追诉人的知情权，保证了协商主体的平等性，拥有平等性才有协商过程的自愿性与真实性。

证据全面开示应有开示时间和开示范围的约束。开示时间太早有碍刑事侦查顺利进行，开示时间太晚即签署具结书之后则不能保障被追诉人的知情权，在不知情的情况下作出的程序选择缺乏真实的推断基石，不能保证被追诉人认罪认罚的自愿可能。所以允许被追诉人通过律师查阅、复制审查起诉证据的时间应在双方开始协商沟通时到签署具结书前。对于证据

---

[1] 从《最高人民法院、最高人民检察院、公安部、国家安全部、司法部关于在部分地区开展刑事案件认罪认罚从宽制度试点工作的办法》第二十一条可以看出，法官已被授予了建议权，其并不利于检方与被追诉人"合意"的达成与遵守，对认罪认罚从宽速裁程序建设的益处有待商榷。

[2] 有学者认为被告可以在刑事审判中提出认罪认罚。刑事审判中才"认罪认罚"并非刑事速裁程序中的认罪认罚，而是普通程序中的情形，其适用机制、从宽幅度、自愿程度、程序要求等均有不同，混为一谈不利问题澄清。

[3] 解兵、韩艳：《检察环节认罪认罚从宽处理机制的程序构建》，载《中国检察官》2016 年第 11 期。

的开示范围，笔者认为全面开示更具合理性，既能缩短沟通协商时间又能推动速裁程序有效进行，同时也达到了案件繁简分流与司法资源节约的目的。被追诉人应当在信息充分的情况下自愿作出程序选择，控诉方应当将有利于被告人的证据和不利于被告人的证据一并开示给被追诉人。[1] 从主体平等协商、作出认罪认罚的选择真实角度而言，有所保留式的证据开示并不能找到法理上的坚实支撑，也会对被追诉人认罪认罚的自愿性、真实性带来无形的影响。

七、反悔时效规范制——自愿性的约束

反悔指行为人作出否认自己前行为效力的意思表示。在认罪认罚从宽速裁程序中，当事人也应有反悔的权利，但反悔权的拥有者只限于被追诉人。笔者并不支持检方也拥有反悔权，除非检方的反悔对被追诉人而言比反悔前更加有利，如建议量刑更低或免予刑事处罚。[2]

被追诉人反悔权的行使不能无时间和条件限制。笔者倾向于把反悔权分为两类，一类是无条件的反悔权，另一类是严格条件的反悔权。

无条件的反悔权是被追诉人自由行使诉权的应有之义，但也仅限于未与检方最终签字确认前，除非签字确认违背自由的原则，即被追诉人的确认是不情愿意识下的行为。无条件的反悔权无需严格的证据来证实，只要被追诉人申明不选择适用认罪认罚从宽速裁程序或以默示形式在规定时间内不作出协商答复即可认定，

须把诉讼程序转为普通程序。

有条件的反悔权宜限定于一审裁决作出前，且条件宜限定于认罪认罚违背自愿一种情况。有条件的反悔严格来说也非真正的反悔，而是前行为的自认本身就是无效的——违背自愿性，而无效的行为并无反悔之说。当法官查明具结书签署确实有证据证明有违自愿性[3]，那么法庭的审理就应转入普通程序，被追诉人在与检方协商沟通中所有认罪认罚的意思表示均不得作为对被追诉人不利的证据使用。

八、原则一审终审制——自愿性的定心

认罪认罚从宽速裁程序原则上宜遵循一审终审制，前提是须按照被追诉人与检方的"合意"进行判决。

从法理来看，法院审理前检方要求被追诉人签署的《适用速裁程序告知和征求意见书》，其中包括量刑建议，也包含犯罪嫌疑人签字确认的承诺。可见，《适用速裁程序告知和征求意见书》是被追诉人与检方的合意表现，法院的判决通常是对该意见书的确认，那么被追诉人的上诉与检方的抗诉则缺乏必要性。有人担忧如此设置是否会无形剥夺被追诉人的上诉权，其实这恰是对被追诉人认罪认罚的反向印证。被追诉人享受从宽待遇，亦应有相对应的权利让渡，否则认罪认罚从宽速裁程序可能会陷入"刑罚从宽"而"资源配置未优化"的窘境。显然，这样的结果绝不会也不应是完善认罪认罚

---

① 参见熊秋红：《认罪认罚从宽的理论审视与制度完善》，载《法学》2016 年第 10 期。

② 此处笔者没有加入被追诉人不构成犯罪的情形，依照'以审判中心主义'的刑事诉讼改革精神来看，被追诉人是否有罪的裁决权应归法院行使，检方不宜被赋予这种判定权。

③ 证明违背自愿性的证据应集中于律师、检方向被追诉人利害关系释明的严重缺陷而非形式瑕疵。

从宽速裁程序的初衷。速裁程序上诉率极微的司法实践，也为认罪认罚从宽速裁程序一审终审的可行性提供了操作上的基础。

认罪认罚从宽速裁程序一审终审最大的障碍是法院享有不依"合意"自行作出"加重"[①]判决的权能，法院的加重处罚破坏的是被追诉人与检方的真实"合意"，自然容易引起被追诉者人不服和检方的不满，带来的结果可能是被追诉人上诉、检方抗诉，司法资源难以形成优化配置。如果明确规定法院只能在判决被告无罪的情形下才可不依"合意"作出判决的话，被追诉人自然不会上诉引起二审，检方纵然认为判决不妥，也还可提出再审抗诉进行法律监督，无需将案件带入二审。

---

① 法院依据认罪认罚"可以"从宽这种授权性规范本身不利于被追诉人自愿认罪认罚，也不利于案件分流和司法资源合理配置。参见张明楷：《论犯罪后的态度对量刑的影响》，载《法学杂志》2015年第2期。

对认罪认罚后"反悔"的案件提出抗诉应当慎重

赵　赤*

在认罪认罚案件中，法院判决通常是对控辩合意成果的确认，也因此，认罪认罚案件的被告人一般不会提出上诉，检察机关一般也不会提出抗诉。但是，从制度试点的情况来看，不乏在一些案件中，法院根据被告人签署的具结书进行判决后，被告人又"反悔"而提出上诉的情况。此时，"被告人认罪认罚"这一基础事实发生改变，进而使"从宽处理"缺失了前提条件，法院的从宽判决沦为"空中楼阁"。对此，检察机关是否应当行使抗诉权以纠正原有判决，让"失信"被告人丧失优待而罚当其罪，在实践中逐渐引发争议。

一、主张检察机关应当提出抗诉的理由

一是在法律依据上，"上诉"意味着"对一审判决认定的事实、罪名或判处的刑罚不予认可"，其实质是对判决书载明的被告人认罪认罚的事实的推翻，被告人上诉后，判决书中认定的"认罪认罚"事实发生改变，属于最高人民检察院《关于加强和改进刑事抗诉工作的意见》中规定的"有新的证据证明原判决、裁定认定的事实确有错误"的情形，检察机关应当根据刑事诉讼法第二百一十七条提出抗诉。

二是在价值考量上，根据"两高三部"《关于在部分地区开展刑事案件认罪认罚从宽制度试点工作的办法》（以下简称《试点办法》）第四条的规定，办理认罪认罚案件应当贯彻宽严相济刑事政策，充分考虑被告人的人身危险性，结合认罪认罚的具体情况确定是否从宽以及从宽幅度，在更高层次上实现公正和效率的统一，然而被告人的"反悔"不但反映出其缺乏主观上的悔罪态度、人身危险性并未减弱，丧失减轻刑事责任的依据，同时也使得制度追求的效率价值难以实现，故从维护司法公正和效率两大方面考虑，检察机关都应当提出抗诉。

三是在制度效果上，从维护制度运行和认罪认罚严肃性的角度出发，也应当发挥检察机关抗诉的威慑作用，防止部分"心术不正"的被告人利用该制度逃避法律制裁。上诉不加刑原则意味着被告人不但"反悔"的成本几乎为零，还存在进一步获得从宽改判的机会。亦有不少法院和法官支持检察机关对此类案件提出抗诉，以降低上诉率、节省审判资源，并且此类案件的抗诉和改判也不会对法院和法官的考核产生负面影响。

四是出于控辩平等的考虑，检察机关应

---

* 作者单位：重庆市渝北区人民检察院。

当抗诉。具体来讲，一审判决结果是控辩双方"平等协商"的产物，具结书具有类似于契约的效力，双方均有遵守之义务。被告人既然得以通过上诉权"撕毁合约"，作为控方的检察机关理所当然也可以采取对等措施。

二、对认罪认罚"反悔"案件提出抗诉的正当性反思

笔者认为，上文所列观点具有一定的代表性，揭示了当前认罪认罚从宽制度在面对被告人一审判决后"反悔"问题时的尴尬，但主张以行使抗诉权的方式解决问题有欠妥当，不但理论上存在悖论，落实到实践中也可能导致一些问题。

首先，对认罪认罚"反悔"案件提出抗诉的法律依据并不充分。认罪认罚后"反悔"是否属于"有新的证据证明原判决、裁定认定的事实确有错误"？笔者认为不能如此推断：其一，"案件事实"不能作扩大化的解释。其应当限于判决前"已发生"的事实，包括已发生且审判时已被发现的事实，以及虽然已发生但审判时尚未被发现的事实，而不能包括判决后才"新发生"的事实。抗诉程序、审判监督程序等针对的主要是第二种情形。如果将"案件事实"拓展到"新发生的事实"，那么司法裁判将永远处于不确定的状态。其二，"确有错误"的认定标准应当严格化。司法裁判的依据是审判之时的事实和证据情况，事后行为的效力不能溯及事前行为，不能因此反推之前的判决"确有错误"。那么，是否能够认为被告人上诉即意味着认罪认罚缺乏实质的自愿性要素，从而推定判决"确有错误"呢？笔者认为也不能，因为在认罪认罚制度中，自愿性认定并非依赖纯主观标准，而是有客观化的程序性体现，主要是《试点办法》规定的后果告知义务、值班律师帮助等，遵循相关程序规定且不存在非法方式讯问，一般即可认定被告人认罪认罚的自愿性，如果以纯主观的"实质"自愿性为标准，无疑是科以了司法人员难以承受的审查义务。

其次，对认罪认罚"反悔"案件提出抗诉背离抗诉权的理论基础。从抗诉权的权力属性、理论依据和法律功能来看，其一，抗诉权是检察机关针对法院确有错误的裁判所行使的督促审判机关纠错的重要权能，是审判监督权的一种实现方式；其二，抗诉权的理论依据主要是分权制衡理论以及法律监督理论，两种理论的价值核心均在于实现国家权力内部的合理配置和有序运行，从而更好实现权力制约和权利保障；其三，刑事抗诉权的法律功能虽然已从单纯的诉讼监督演进为诉讼监督、实体公正、人权保障以及程序救济等多种功能的统一体，但前者仍然是其最重要、最基础的功能。综上，抗诉权所针对的对象主要是法院的审判活动，以制约审判权为其基本追求，在逻辑上是"通过纠正错误裁判实现司法公正"；而对被告人认罪认罚后"反悔"的案件行使抗诉权，表面上看针对的是法院"错误判决"，实质有以"审判监督"之名行"制裁被告人"之实的嫌疑，忽略了权力监督制约的本质和初衷，在抗诉权的职能定位、功能目的、价值追求等方面无疑产生了错位。

最后，对认罪认罚"反悔"案件提出抗诉可能导致负面的实践效果。抗诉权是检察机关的一种重要的"刚性监督"手段，必须加以严格限制而谨慎行使，抗诉权的"滥用"和"泛化"会减损权力的正当性和权威性，使抗诉的

法律效果、社会效果遭到破坏。其一，认罪认罚案件多属简单案件，即使上诉也未必造成过多的司法负担，而抗诉案件具有较高的程序要求，将大幅提高司法成本，增加当事人的诉累，"使简单问题复杂化"。其二，过度抗诉容易对司法公信力产生消极影响。一方面，抗诉权本身即与维护司法裁判权威性之间具有某种程度的紧张关系，正因如此，多数国家对检察机关的抗诉权都有严格的限制，一般只对明显违反正当程序的审判提出抗诉；另一方面，完全根据被告人是否上诉来决定是否抗诉，也使得抗诉活动本身具有较大的不确定性，如一旦被告人撤回上诉，检察机关抗诉的严肃性将难以保障。其三，通过抗诉追求此类案件的实体公正可能事与愿违。现代刑事诉讼理念在"保障人权"和"打击犯罪"之间明显青睐于前者，为追求所谓个案公正而强势行使国家权力，虽然可以威慑部分动机不良的"投机分子"，但也会催生被告人的心理负担而不敢通过行使法律赋予的上诉权来维护自身权益，从而对司法的公正价值造成一种伤害。

三、完善认罪认罚案件的二审及抗诉制度设计

目前《试点办法》针对侦查、审查逮捕、审查起诉以及一审程序均进行了较为详细的规定，但对于二审、抗诉等问题只是概括规定了

"第二审人民法院对被告人不服适用速裁程序作出的一审判决提出上诉的案件，可以不开庭审理"，确实无法回应实践中的一些矛盾和问题，这也是导致司法机关难以有效应对被告人认罪认罚"反悔"案件的一大原因。

认罪认罚从宽制度本身是一个探索性、开放性的制度，是包含刑事实体性规则和程序性规则的统一体，完全可以进一步围绕上诉、抗诉以及二审环节进行相应的制度安排，使认罪认罚从宽制度追求的公正和效率价值贯穿于刑事诉讼活动的始终。对此，部分试点地区通过出台"细则"已对相关问题有所涉及。笔者认为，可以在总结司法实践经验的基础上，进一步完善《试点办法》，就以下几方面问题加以明确：

一是明确被告人的上诉权。上诉作为刑事诉讼法明确赋予被告人的重要权利，不宜因适用认罪认罚程序而受到任何影响，也不应因此而招致任何不利的法律后果。二是明确二审的审理方式。被告人认罪认罚获得从轻判罚后又提出上诉的，二审法院一般只进行形式审查、书面审查，且一般应当维持原判，但被告人以认罪认罚的自愿性和合法性存在问题为由提出上诉的除外。三是明确检察机关提出抗诉的情形。应当坚持慎重、准确的抗诉原则，区分被告人"反悔"的具体原因，主要针对被告人故意采取欺诈等手段获得从宽处罚以及其他严重影响司法公正的情形提出抗诉。

检察实务视角下对"办案"的界定

范思力*

检察机关"办案"的界定之所以现在成为实务界的关注点，是因为司法体制改革纵深推进后，各项改革任务开始逐渐显现出共通性。如员额检察官必须在一线办案，员额检察官办案达不到标准要退出员额，进入员额的领导干部办案数量必须达到一定比例等。这些要求都会涉及"办案"的界定。

当前检察实务中对"办案"的理解存在几个误区。一是形而上学式地理解"办案"。最典型的就是将案件作为办案的"必备产品"，认为没有案件就不是办案。这种理解无法从案件这一载体推理出检察机关在办案活动中应有的唯一主体地位。二是类推式地理解"办案"。最典型的就是认为检察权既然有司法属性，那么按照法院的办案模式运作肯定是办案。其最直接的后果就是弱化检察机关作为法律监督机关应有的主动性。三是偷换概念式地理解"办案"。最典型的就是将工作时间、工作效果等原本用于衡量办案质效的指标替换为评估对象本身，如认为涉法涉诉信访接待工作平均花费时间较少，不应算作办案，认为案件质量评查工作没有对当事人产生法律效果，不应算作办案等。鉴于以上误区，对"办案"的界定进行分析探讨具有一定必要性。

一、检察实务中"办案"理解分歧产生的源头

一是现阶段办案运行模式存在客观复杂性。无论是《最高人民检察院关于完善人民检察院司法责任制的若干意见》（以下简称《意见》），还是各省级检察院制定的权力清单，都强调办案事项决定权是在权限范围内，即在委托授权范围内检察官可以行使决定权，权限范围外则由检察长等审批决定，检察官在该办案事项上依然只有承办权。由此，现阶段检察机关的办案活动大体可分为两种运行模式，一种是检察官独立决定模式，一种依然是过去的案件审批模式。这两种模式由于各省级检察院权力清单授权范围的差别，导致各省不同业务条线检察官职权范围不完全相同，检察长审批决定事项的范围也不相同，客观上造成各地办案模式运行复杂。

二是脱离于独任检察官或检察官办案组之外时检察长身份定位存在复杂性。按《意见》的规定，一般情况下，检察权运行的载体应以独任检察官或检察官办案组两种形式为基础。由于目前还存在案件审批模式，无论是独任检察官还是检察官办案组在不同业务条线中均会

* 作者单位：贵州省人民检察院。

将一些办案事项决定权交由检察长审批决定。如果将这种决定行为视为领导行为，检察长就是以单位负责人的身份承担责任；如果将这种决定行为视为办案行为，检察长就是以办案组织负责人的身份承担责任，此时检察长与承办案件的独任检察官或检察官办案组可视为形成一个新的办案组织。两种角度都有明显的局限性，前一角度将决定行为排除于办案范围之外，连带否认了办案组织中独任检察官和主任检察官的决定行为；后一角度将一些操作性的、职责性的内容排除于办案范围之外，连带否认了亲历性事项在办案中的必要地位。可见，无论是否承认检察长的独立办案主体地位，都很难进一步地合理划定办案主体的范畴，在这种情况下定义"办案"容易因立场不同发生分歧。

三是检察机关履行法律监督职责过程存在复杂性。检察机关在履行法律监督职责时，办案流程基本构造比较复杂。在案件入口上，至少有自动立案、依申请立案、依职权立案三种。在办案方式上，至少可采取现场核实、书面审查、听证审查、调查取证四种。在办案结果上，至少有通知、答复、决定、意见、建议五种。这里所列举的办案方式和办案结果之间并不是一一对应，而是可交叉可重复。如办理公诉案件，可能既要书面审查也要调查取证，对应的处理结果既有公诉意见也有起诉决定。这种履职过程的复杂性直接导致目前无法建立一个统一、标准的检察机关办案流程供实践理解、参照、对应和判断什么是"办案"。

二、检察实务中准确把握界定"办案"的关键

一是辩证看待分类界定的现实必要性。从目前司法责任制改革方向看，突出检察官办案主体地位这个目标已获得理论界和实务界的认可。以检察院内部视角看待突出检察官主体这一改革路径，可以发现，越突出检察官办案主体身份，作为一级审批主体的检察长包括受检察长委托的副检察长、检察委员会专职委员决定权的范围就会越小。理想状态下，检察官与检察长等主体的权力范围应相同，检察长无需审批决定。按照此方向，可将办案事项完全纳入办案组织中，办案组织的业务工作即等于办案，特殊情况下由检察长决定的事项也可直接转移给检察长主办的办案组织负责。但目前地区差异、责任落实等因素导致这种状态短期内不易实现，检察长在现行规定的办案组织外履行职责不仅必要而且必须，《意见》明确规定检察长对职权范围内作出的有关办案事项决定承担完全的司法责任。既然规定检察长的决定责任与办案存在直接、排他的关系，将对应行为纳入办案也符合实行检察院司法行政事务管理权和检察权相分离的改革方向。综上，目前作为一种实然选择，可采取过渡性方法界定办案，将其分为不同类型，同时在制度框架上突出司法规律的重要地位，不断突出和强化办案组织的履职能力和责任。

二是以办案事项流程为核心界定。无论各省自行制定的权力清单如何划定检察长和检察官的权限，本质上都是在划定办案事项决定权。以决定权与承办权的分离状态为界，当承办权与决定权合一时，按各省权力清单划定的各类检察官办案事项决定权，以启动程序为起点，以作出决定为终点，其间办案组织推动程序、得出结论的行为总和就是办案，办案组织的主体就是办案主体；当承办权与决定权分离时，

包括检察长改变属于检察官决定造成的被动分离，以及检察官根据检察长要求进行复核并改变原处理意见造成的事实分离，按各省权力清单划定的各类检察长办案事项决定权，在不同的业务范围内，以启动程序为起点，履行完职责为终点，其间承办人的履职行为和检察长的履职行为都属于办案，承办人和检察长都是办案主体。在事实清楚、证据充分的情况下，对承办人来说，提出处理建议报上级决定就是履行完职责的终点；对检察长来说，根据下级提出的建议作出决定就是履行完职责的终点。统计办案量时要根据各省制定的权力清单，分两类统计。对权力清单中承办权与决定权合一的办案事项，统计办案量时以各办案组织的受理量为基础；对承办权与决定权分离的办案事项，统计办案量时以承办量作为办案组织的办案量，以决定量作为检察长的办案量。

三是未来以办案主体身份的转移进行界定。检察一体领导体制的存在，使检察官的权力处于一种可撤销状态。在其他国家和地区，这种基于检察一体的权力变更往往伴随办案主体的变更。比如有的地区，检察长行使职权收取和转移权，主要是采取变更承办人的方式，但这里变更后的新承办人并不是检察长本人，而是转移给其他检察官负责。[1] 从长远看，作出司法决定前如果没有亲自经历必要工作将很难充分考虑各方当事人的立场，相应地就难以选择一个合适的中立立场形成内心确信。增强检察官办案的亲历性，就是尽可能实行办案与定案相统一，减少办者不定或定者不办。[2] 随着司法文明的不断进步，下一步在检察一体的前提下保证检察长决定权，前提条件应是尽可能地让检察长亲历相关工作，逐步实现办案主体身份的转移，即在特定情形下由检察长决定的办案事项、检察长直接改变或要求改变的办案事项，检察长在行使决定权的同时，宜在其他办案组织中以办案主体的身份重新办理该事项，履行必要的亲历性事项。此时，该办案事项应计入检察长的办案量，不再计入原办案组织中办案主体的办案量。

① 万毅：《台湾地区检察制度》，中国检察出版社 2011 年版，第 59 页。
② 朱孝清：《与司法亲历性有关的两个问题》，载《人民检察》2015 年第 19 期。

让司法理念于细微处闪光

——从被告人的法庭席位说起

郝双梅*

2017年5月18日，河南省高级人民法院院长、二级大法官张立勇担任审判长公开开庭审理刘东魁故意杀人上诉案。抛开二级大法官开庭审案，引导法官立足本职回归司法本位的积极意义不说，此次庭审的诸多创新中给人触动最深的是被告人席位在法庭摆放上的重大改变。

以往的庭审印象是，被告人被带上法庭，坐在审判席正对面，周身围栏环绕，身着囚服，手戴戒具，左侧是公诉席，右侧是辩护席，法庭呈类似"四方形"的对称格局。被告人席置于庭审区的尾部中部，证人、被害人、公诉人、审判人员、辩护人等对被告人形成"半环状包围"，并集中面向被告人，加之被告人身后的旁听席，俨然将被告人置于整个法庭建筑空间的中心，形成"完全包围"之势。这种法庭布局传递给我们的信息是：法官在法庭上是带有追诉倾向的积极审讯者，不是中立的消极听审者，其职能和目的就是打击、揭露和证实犯罪；而被告人在法庭上作为受审对象，处于这样的"中心位置"，则容易被有罪推定的阴霾笼罩。事实上，被告人在法庭审判阶段仍是有犯罪嫌疑的人，甚至有可能是被冤枉的人。由于多数被告人缺乏法律知识，面对公诉人的指控和法官的审问时，很难对证据的真假、所定罪名是否适当作出准确判断，即使能够判断，也会因缺乏在这种氛围下的发言经验等产生恐惧、压抑、紧张感，成为法庭审理中的明显弱势方。加之席位单独设置，在庭审中根本无法与辩护人进行接触、及时沟通，获得有效的法律帮助等，使庭审中的被告人自始至终处于孤立无援的被审讯地位。

此次法庭布局由传统的"四边形"改为"五边形"。被告人坐在靠近辩护席、与审判席呈45度角的位置，靠近公诉席、与审判席呈45度角的位置则设置了证人席，整个庭审布局呈"五边形"。这样的新布局减弱了以往法庭布局中被告人处于受审地位的色彩，更好地保障了被告人辩护权的行使。可以说，这是刑事诉讼法"去犯人化"的重要体现，这种法庭布局显然也更符合法官中立的基本要求。

刑事诉讼的进行离不开诉讼程序中的各个诉讼角色及其"表演""布景"，不同诉讼角色的位置既由司法理念和制度决定，又与司法实

---

* 作者单位：天津市人民检察院。

践密切呼应。看似简单的法庭席位布局摆放，却有着非常重要的符号学意义。整个法庭就像司法剧场的舞台，不同诉讼参加人作为"演员"按照事先分工承担不同的诉讼角色，身份不同，依法享有的权利和义务也有区别。因此，在法庭上是否有专门的席位以及席位的摆放等，成为其拥有不同诉讼角色的重要身份标志。而法庭布局和被告人出庭装束，一定程度上反映了人权保障的充分程度。

作为决定被告人命运的关键场所，法庭在布局时起码应当做到有利于被告人及其辩护人充分行使辩护权，以便与公诉人进行充分的、有实质意义的抗辩。控审分离、控辩平等，法官保持中立、消极听证、居中裁判，这些现代诉讼理念和司法文化均应当在法庭布局中得到充分体现。只有营造一个以保障公民诉讼权利为核心、公正透明且充满关爱、体恤氛围的法庭审判空间，法院作出的司法裁判才能为被告人所接纳，才能赢得社会公众的信赖，司法权威和司法公信力才能真正树立起来。可以说，

河南省高级人民法院此次庭审的创新并非"噱头"，是实实在在的改革，对推动司法改革的进程具有积极的现实意义。

转变司法理念，推动法治社会建设，在法律执业者中已经人尽皆知。但是，司法理念如何贯彻到司法实践中去，如何将以侦查为中心在司法实践中切切实实、彻彻底底地转变为以审判为中心，则需要所有人认真思考。

法治应从细微处着手，从老百姓看得见的地方着手，只有这样，法治的公平正义才能以看得见的方式实现。被告人席位摆放这样的庭审创新，看似仅仅是全面司法改革的"一小步"，却映射了司法机关进一步加强人权保障的积极态度和实际行动。

司法改革路途中尚有许多法治细节亟待斟酌，或许还需突破更多的"壁垒"，但只要各级司法机关坚决遵循法治精神，打破旧有思维模式，让新的司法理念越来越多地于实践细微处闪光，那么，一个公平、正义、高效、法治的社会必将如期而至。

《孩子们》：怀疑可以大胆，求证务须小心

张录芳[*]

《孩子们》改编自韩国"三大未解悬案之一"的"大邱青蛙少年失踪案"，讲述了五个孩子外出游玩时失踪，十一年后才被发现尸体，凶手却一直逍遥法外的故事。

影片开始，一个身披鲜红色斗篷的少年钟浩与另外四个少年上山去玩。随后，镜头切换，满脸焦急的父母们来到警察局，称孩子失踪了。漫不经心的警察，一会儿说"要赶着去选举"，一会又说"至少得过一天才能立案"，并耐心纠正着父母们的口误，说这不是"失踪"，是"外出"。愤怒不已的父母们却又无可奈何。之后，镜头再转，一长列警车疾驰在山间小路上，奔赴孩子们失踪的道合山，三十余万警力被动员起来，展开大规模搜索。此时，距离孩子们失踪已四个月。

电影就以这样一种紧凑、揪心的场景直奔主题。事实上，两个多小时的剧情，绝大部分被用在展现之后十几年人们寻求真相的艰辛过程，而对案发当天的情况并未进行过多描述，只是间或用一些低角度的镜头拍摄孩子们在山里穿行的脚步，帮助观众逐渐拼凑还原出一些零星的碎片。局部化的表现手法加重了电影所透出的寒气，似乎在告诉人们"案发当天究竟发生了什么"已经成为一个永远无解的谜题。

就在案情陷入胶着之际，公立科学大学教授黄宇赫抛出了"认知失调论"的观点，并根据人类混乱行为学理论，结合案发后不久钟浩母亲便慌忙报案等可疑细节，将矛头指向钟浩父母。但黄教授为了证实自己的怀疑，选择性地忽视了其他一些与推理相左的客观证据。结果，警方基于黄教授的怀疑理论，在钟浩家掘地三尺，却并未发现孩子们的尸体。而在这一过程中，黄教授自己却沦为"认知失调论"的注脚，以至于数年后在大邱卧龙山发现失踪少年的遗骸后，仍辩解为"是钟浩父亲转移过来的"。

黄教授"大胆怀疑"固然无可厚非，但其却忽视了"小心求证"这一核心精神。相较于求证的艰苦，怀疑自然容易得多：一群天真可爱的孩子，在山中嬉戏玩耍，最后成为一堆白骨，这中间必定发生了什么。为了还原真相，黄教授大胆怀疑，但其收集的证据无法形成完整的链条，证实"某人某月某日做了何事"，更别提达到排除合理怀疑的证明标准。从这个角度而言，黄教授最后的身败名裂，就在于其仓促求证，不仅给自己的声誉蒙羞，也让受害人家属受到二次创痛。

---

* 作者单位：陕西省麟游县人民检察院。

而纵观现实中诸多冤假错案的成因，似无不与执法人员"大胆怀疑、仓促求证"有关：先怀疑一个有可能犯罪的人，再通过种种手段收集证据来佐证这种怀疑，直至"做成"所谓事实清楚、证据确实充分的"铁案"。当可能涉嫌错案时，又深陷于"行为可以改变态度、说了就会相信、做了就会认可"的"认知失调论"当中不能自拔，用更多的手段来掩饰弥补之前的错误。

电影后半段，影片的另一主角姜志胜主播，通过绳子的结扣怀疑上了屠宰厂的朱焕。为了证实自己的判断，他跟踪对方、潜入房间搜查、与之肉搏，直到对方一句"你有证据吗"，彻底掐灭了他内心残存的一点希望。这一情节，或许也可以看成电影对程序正义的讴歌：只要没有确凿的证据，无论嫌疑人具有多大的嫌疑，这种嫌疑也只能停留在怀疑阶段，无法进行刑事追究。在这里，姜主播和当年的黄教授一样，陷入了一个"大胆怀疑、仓促求证"的旋涡，试图仅凭借几个疑点就抓到罪犯。

事实还原要建立在证据基础之上，但证据本身可能会受到人的立场的干扰，而被选择性地认定。从这个角度而言，所谓证据裁判规则或许也会存在致命的缺陷：因为事实本身可能是经过人的主观选择之后所呈现出来的事实，建立在此基础上的"事实"或许扭曲了事实的本来面目，已与客观真实背道而驰。因此，司法者在运用证据时，有必要问自己几个问题：认定案件事实的证据可靠吗？证据的取舍是否建立在不偏不倚的主观认知基础上？对证据的认定是否严格遵循了缜密的逻辑推理？

影片最后，由五个孩子的骸骨组成的遗体告别会上，父母们放声痛哭。场景震撼人心。

图书在版编目（CIP）数据

检察调研与指导 . 2017 年 . 第 4 辑 / 万春，李雪慧主编 . — 北京：
研究出版社，2017. 8
ISBN 978-7-5199-0190-5

Ⅰ.①检… Ⅱ.①万… ②李… Ⅲ.①检察机关 - 工作 - 中国 - 文集
Ⅳ.①D926.3-53

中国版本图书馆 CIP 数据核字（2017）第 197577 号

检察调研与指导（2017 年第 4 辑）

作　　者　万春　李雪慧　主编

责任编辑　张璐

出版发行　研究出版社

地　　址　北京市东城区沙滩北街 2 号中研楼

电　　话　（010）53390190　64217612

网　　址　www.yanjiuchubanshe.com

印　　刷　北京明月印务有限责任公司

开　　本　787mm×1092mm　1/16

印　　张　8.5

版　　次　2017 年 8 月第 1 版　2017 年 8 月第 1 次印刷

书　　号　ISBN 978-7-5199-0190-5

定　　价　30.00 元

《检察调研与指导》订阅回执单

银行汇款

户　名：中检清正文化传播（北京）有限公司

开户行：工行北京八大处支行

账　号：0200 0135 0920 0067 955

银行行号：1021 0000 1354

联系人： 郑举

传　真： 010 – 86423512 88953983 86423510

邮局汇款

收款人：中检清正文化传播（北京）有限公司

地　址：北京市石景山区香山南路 109 号

邮　编：100144

电　话：010 – 86423512 53390190 86423510

邮　箱：jcdyyzd@126.com

☆汇款时请于汇款单附言栏简单注明年份、套数、订阅单位，如"18 年 10 套 ×× 院"。

☆请详细、清晰填写以下回执单，以电子邮件或传真方式及时发至我部。

订阅单位		收件人	
办公电话		手机	
收件地址		邮编	
《检察调研与指导》 2018 年 1 — 6 辑	订阅数量 （总定价 216 元）		
汇款时间		汇款金额	
汇款方式	银行□　　　　邮局□ 汇款人（以人名汇款时须填写）_____		
发票抬头			
纳税人识别号			

（本回执单复印有效，往期可补订）